AF243574

RÉPUBLIQUE FRANÇAISE
Liberté — Égalité — Fraternité

DÉPARTEMENT DE LA SEINE

DIRECTION DES AFFAIRES DÉPARTEMENTALES

ÉTAT DES COMMUNES

A LA FIN DU XIXe SIÈCLE

publié sous les auspices du Conseil Général

BAGNEUX

NOTICE HISTORIQUE

ET

RENSEIGNEMENTS ADMINISTRATIFS

MONTÉVRAIN
IMPRIMERIE TYPOGRAPHIQUE DE L'ÉCOLE D'ALEMBERT

1901

BAGNEUX

MONOGRAPHIES

En vente :

ÉPINAY	GENNEVILLIERS
PIERREFITTE	ROMAINVILLE
STAINS	BOURG-LA-REINE
VILLETANEUSE	LA COURNEUVE
ORLY	BOBIGNY
DUGNY	SCEAUX
ANTONY	BONNEUIL-sur-MARNE
LE BOURGET	L'HAŸ
THIAIS	LES LILAS
RUNGIS	ROSNY-SOUS-BOIS
FRESNES	NOISY-LE-SEC
DRANCY	AUBERVILLIERS
LE PLESSIS-PIQUET	CHATENAY
VILLEMOMBLE	L'ILE-SAINT-DENIS
BONDY	BAGNEUX

Sous presse :

CHEVILLY	CHATILLON
PANTIN	ARCUEIL-CACHAN

En préparation :

SAINT-DENIS	FONTENAY-aux-ROSES
SAINT-OUEN	MALAKOFF

RÉPUBLIQUE FRANÇAISE

Liberté—Égalité—Fraternité

DÉPARTEMENT DE LA SEINE

DIRECTION DES AFFAIRES DÉPARTEMENTALES

ÉTAT DES COMMUNES

A LA FIN DU XIXᵉ SIÈCLE

publié sous les auspices du Conseil Général

BAGNEUX

NOTICE HISTORIQUE

ET

RENSEIGNEMENTS ADMINISTRATIFS

MONTÉVRAIN

IMPRIMERIE TYPOGRAPHIQUE DE L'ÉCOLE D'ALEMBERT

1901

NOTICE HISTORIQUE

BAGNEUX [1]

Anciennement, communauté de la Généralité et de l'Élection de Paris, paroisse du doyenné de Châteaufort.

De 1787 à 1790, municipalité du département de Corbeil et de l'arrondissement de Bourg-la-Reine.

De 1790 à l'an IX, commune du district (supprimé par la Constitution de l'an III) de Bourg-la-Reine et du canton de Châtillon.

Depuis l'an IX, commune de l'arrondissement et du canton de Sceaux.

1. Il y a en France plusieurs communes qui portent le nom de Bagneux ; elles appartiennent aux départements de l'Aisne, de l'Allier, de l'Indre, de Maine-et-Loire, de la Marne, de Meurthe-et-Moselle, de la Seine (celle dont nous traitons ici) et des Deux-Sèvres. Une seule est accompagnée d'un surnom distinctif : Bagneux-la-Fosse, au département de l'Aube. Il faut en outre noter un certain nombre de hameaux dénommés également Bagneux, et, comme se rattachant à la même étymologie, les localités appelées Bagneaux, Bagnolles, Bagnols, Banyuls, etc., et les diminutifs tels que Bagnolet, etc.

I. — FAITS HISTORIQUES

Le territoire de Bagneux occupe l'extrémité Nord-Est du coteau qui domine l'une des plus pittoresques vallées des environs de Paris, celle qui débouche perpendiculairement à la vallée de la Bièvre à hauteur de Bourg-la-Reine, va en se rétrécissant jusqu'au Plessis-Piquet où elle prend fin, et est arrosée par le ru de la Fontaine des Moulins. Plus à l'Ouest, sont Fontenay-aux-Roses et Châtillon ; en face, la ville de Sceaux étage ses maisons et ses jardins sur l'autre versant de la vallée. Le site serait donc fort agréable si, depuis longtemps, l'exploitation des carrières n'avait paru plus lucrative aux habitants de Bagneux que la culture du sol ; il en est résulté pour la campagne environnante un aspect singulièrement aride qu'elle n'avait pas jadis.

L'antiquité du village nous est affirmée par plusieurs témoignages : son nom, d'abord, *Balneolum* ou *Banniolum*, est contemporain de l'époque où les Romains conquirent la Gaule, et signifie : lieu où existaient des eaux thermales. On sait que les Romains recherchaient volontiers, pour s'y établir, le voisinage de pareilles stations, ce qui explique que beaucoup de localités aient reçu d'eux un nom formé sur *Balneolum* (voy. la note de la page précédente). Il faut donc renoncer à l'étymologie, séduisante cependant par certains côtés, qu'avaient proposée quelques auteurs pour le Bagneux et le Bagnolet du département de la Seine, étymologie fondée sur le mot *ban*, auquel se rattacherait l'idée de banlieue ; on a remarqué, en effet, que ces deux villages sont situés sur la limite du ban, de la banlieue de Paris ; mais, à l'époque où la dénomination *Balneolum* apparaît dans les documents, cette délimitation territoriale n'existait certainement pas encore.

Au point de vue religieux, l'ancienneté de Bagneux ne se démontre pas moins sûrement ; ce fut, pendant longtemps, l'unique paroisse de la région : Bourg-la-Reine, Châtillon, Fontenay, Sceaux, Châtenay même en dépendaient ; et les églises que ces bourgs, devenus plus populeux, obtinrent par la suite des temps, n'en furent que des démembrements. Cette idée de dépendance se maintint pour la plupart d'entre eux jusqu'à la Révolution par le surnom qu'ils conservèrent; on continua à dire : Châtenay-sous-Bagneux, Fontenay-lès-Bagneux, Châtillon-sous-Bagneux, plusieurs siècles après qu'ils s'étaient séparés de la paroisse mère.

Quant à celle-ci, pour la distinguer des autres localités synonymes, on faisait suivre son nom, au moyen âge, du vocable de Saint-Erbland, un abbé breton, bien peu illustre, mort vers la fin VIIe siècle, et dont quelques reliques furent données, on ne sait trop par qui, à l'église de Bagneux.

Cette église, ou du moins le territoire dont elle était le chef-lieu, est mentionnée pour la première fois dans des chartes du commencement du IXe siècle, qui ont pour objet de reconnaître la possession du lieu au Chapitre de la cathédrale de Paris. Le nom seul de Bagneux y figure ; aussi est-il inutile de les citer. Qu'il suffise de dire que le Chapitre en conserva la suzeraineté jusqu'à la Révolution. Dès le XIIe siècle, c'est-à-dire peu de temps après sa fondation, l'abbaye de Saint-Victor y percevait un cens annuel de huit sous et trois oboles. L'abbaye de Sainte-Geneviève y eut aussi des terres, des bois et des prés, ce qui lui donna le droit de revendiquer le titre de seigneur en partie de Bagneux.

Il ne faudrait pas, d'autre part, prendre au pied de la lettre une charte de 1061, par laquelle Philippe Ier donna à l'abbaye de Saint-Germain-des-Prés le village de Bagneux *(Banniolis)* en échange de la terre de Combs-la-Ville. C'était encore l'époque où, comme nous l'avons dit, toute cette région portait le nom de Bagneux, et il est prouvé par des actes postérieurs que l'échange en question se rapporte au territoire de « Châtillon-sous-Bagneux ».

Le *Cartulaire de Notre-Dame-de-Paris*, publié en quatre volumes in-4°, dans la Collection des Documents inédits de l'histoire de France, renferme plusieurs chartes latines relatives à Bagneux. Ce sont : en 1118, le règlement sur les hôtes respectifs du Roi et du Chapitre ; en 1157, la confirmation par Louis VII des biens de la cathédrale ; en 1264, l'exposé d'une contestation très vive élevée par les habitants du village contre la prétention du Chapitre à prélever sur eux une taille de soixante sous parisis ; ils durent cependant céder et désigner quatre d'entre eux pour établir l'assiette et le payement de cet impôt ; en 1269, la charte d'affranchissement, accordée par le Chapitre, à Chrestienne, veuve de Hugues de Galande, Ansel Pagaille, Marie, sa femme, Collette, leur fille, et autres habitants de la ville, qui, après avoir reconnu qu'ils ont été jusque-là hommes de corps de Notre-Dame et astreints au joug de la condition servile, s'engagent à payer pour leur affranchissement, d'abord une somme de 1.300 livres, puis une rente fixe de 8 livres par an, remplaçant la taille arbitraire, et une dîme annuelle de 6 sous par arpent de vigne.

Déjà, dans les Notices sur Antony et Châtenay, il a été question des biens que l'abbaye de Saint-Germain-des-Prés possédait aux XVe et XVIe siècle aux environs de Bagneux et de la Boisselière ; mais, nous le répétons, ces bois disparurent de bonne heure et c'est sans aucun doute pour les besoins de la rime qu'un couplet, jadis très en vogue, du *Bijou perdu*, opéra-comique d'Adolphe Adam, célébrait les fraises du bois de Bagneux.

A la date de 1417, le *Journal d'un bourgeois de Paris*, relatant les misères des guerres civiles, s'exprime ainsi : « Item, en ce temps, avoit si pesme douleur que nul n'osoit vendanger hors Paris devers la porte Saint-Jacques, de toutes pars comme à Chastillon, à *Banuex* (Bagneux), à Fontenay, Vanves..., car les Bourgongnons payoient moult les bourgoys de Paris, et ils venoient fourrer jusqu'aux forsbourgs de Paris, et quelque personne qu'ils trouvoient estoit prins et emmené en leur ost (armée). »

Il existe actuellement, à Paris, une rue de Bagneux, dans le VIe arrondissement (quartier Notre-Dame-des-Champs), et des documents authentiques établissent qu'elle portait ce nom en 1531 et le devait à un certain Pierre de Bagneux, mais rien ne prouve qu'il s'agisse du Bagneux qui nous occupe. Topographiquement, d'ailleurs, il est impossible d'admettre que la rue ait pu être considérée comme le chemin conduisant à Bagneux.

De même n'a-t-on pas le droit de reconnaître une habitante de Bagneux-Saint-Erbland dans la personne de Mme de Bagneux, l'une des héroïnes de l'*Histoire amoureuse des Gaules* de Bussy-Rabutin.

Les guerres religieuses du XVIe siècle furent désastreuses pour le village. La lutte entre les Guise et les Condé eut pour conséquence le pillage de la banlieue méridionale de Paris, la destruction, en 1567, du château que les Guise avaient à Arcueil, sur la colline de la rive droite de la Bièvre, celle aussi du clocher de l'église de Bagneux. Plus tard, ce furent les troupes de Henri IV qui campèrent dans ces parages, en 1589. Dans son intéressant livre sur Bagneux, M. Toulouze prend texte d'une lettre où Henri IV écrit à Gabrielle d'Estrées : « Je suis à Baygneux, ayant eu tant de plaisir qu'il se peut », pour affirmer que le Béarnais a

habité le bourg, et il s'appuie en outre sur une délibération du
3o novembre 1820, par laquelle le Conseil municipal de Bagneux,
votant cent francs pour l'acquisition du domaine de Chambord à
offrir au duc de Bordeaux, déclare « donner une preuve de son
attachement à la famille des Bourbons, dont le chef a habité la
commune ». Ce sont là de bien fragiles preuves, ou, plutôt, la seule
invoquée n'a aucune valeur. Il était tout naturel que Henri IV,
tenant la campagne sous Paris, écrivît : « Je suis à Bagneux », sans
pour cela y résider. Les circonstances mêmes paraissent prouver
qu'il y campait simplement, en passant.

M. Toulouze est mieux fondé à nous donner des renseignements sur la maison de campagne que posséda le cardinal de
Richelieu à Bagneux. Elle existe encore, bien transformée, mais
ayant cependant gardé quelques vestiges du passé, et est située rue
Saint-Étienne. Nous n'attachons pas grande importance à la
découverte de prétendues oubliettes faite dans la propriété au
moment de la Révolution ; les ossements, les fragments de vête-
ments qu'on déclare avoir trouvés au fond d'un puits passèrent
aussitôt pour les restes des victimes de Richelieu, mises à mort
dans le plus grand mystère ; il y a tout lieu de croire qu'on était en
présence d'une simple décharge ménagère.

Il a été question, tout à l'heure, de l'affranchissement qu'obtint,
en 1269, la veuve de Hugues de Galande ; on rencontre souvent
aussi ce nom sous la forme Garlande ; il s'agit d'un fief important,
situé sur la paroisse de Bagneux, à droite du chemin qui vient de
Paris par Montrouge, et dont un lieu dit perpétue encore aujour-
d'hui le souvenir. Au XVIIIᵉ siècle, cette terre appartenait à
Eugène-Pierre de Surbeck, chevalier de l'ordre de Saint-Louis,
colonel d'un régiment suisse, qui, par acte du 13 avril 1717, déclarait « estre detempteur et proprietaire d'une maison, court et jardin,
scis à Bagneux, au lieu dit Gallande, tenant de touttes parts au
grand chemin de Paris, sur laquelle maison l'œuvre et fabrique de
la paroisse dudit Bagneux a droit de prendre et recevoir par
chacun an, vingt-cinq sols de rente... » (Arch. nat., S. 3525).

M. de Surbeck joignait, à ses titres militaires, les mérites de
l'érudition ; il était numismate, et à ce titre appartint à l'Académie
des inscriptions et belles-lettres comme correspondant honoraire ;
il mourut le 1ᵉʳ septembre 1741 et fut inhumé, le lendemain,
dans l'église de Bagneux. Son nom se trouve mêlé aux actes qui
consacraient la création de l'enseignement primaire dans le village ;

on aimerait à dire qu'en sa qualité de savant et de riche propriétaire foncier, il y contribua philanthropiquement ; malheureusement, il semble bien que son intervention ne fut que celle d'un
marchand de terrain. En effet, à la date du 30 août 1720, on le
voit vendre à la fabrique de l'église une place de terre sur le bord
de la rue jusqu'au cimetière, pour loger un maître d'école (Arch.
nat., S. 3528). Il vendit ultérieurement, en 1724 et en 1725, d'autres
parcelles de terre contiguës à la première, et à sa maison, dite des
Fréquens (Eug. Thoison, *l'Instruction primaire à Bagneux au
XVIIIe siècle*), et en cette même année 1725, le 21 février, l'arche-
vêque de Paris autorisait les marguilliers de Bagneux à prendre
une portion du cimetière « pour rendre plus avantageuse la condition du maître d'école, et lui donner occasion de s'occuper du
travail des mains, hors le temps de l'école (Arch. nat., S. 3528 ; le
texte du document est publié par M. Toulouze, note des pages 182
et 183). Le mérite de la fondation d'un maître d'école appartient
à « messire Louis Hugues Lejeune, curé de Bagneux », qui avait
légué des biens à cet effet par son testament du 3 avril 1719 (Eug.
Thoison, *ouvr. cité*).

L'époque était favorable aux fondations humanitaires. Voici un
acte du 10 mai 1721 qui le prouve :

Par devant les conseillers du Roy, nottaires à Paris soussignez, fut present
Me Dominique Favier, advocat au Parlement, demeurant à Paris rue des Ber-
nardins, paroisse Saint-Nicolas du Chardonnet, lequel, voulant faire du bien à
la paroisse et village de Bagneux où il a depuis longtemps une maison,
secourir les pauvres malades et autres pauvres de ladite paroisse, soutenir
l'établissement des sœurs de la Charité qui y sont actuellement et qui y font
un grand bien soit pour le soulagement des malades, soit pour l'instruction
des filles de la paroisse, aprehendant qu'elles ne manquent de la subsistance
nécessaire par le retranchement qui est arrivé de touttes les rentes, a par ces
presentes donné par don entre vifs et irrevocable et en meilleure forme que
donnation puisse et doive valoir à la Charité des pauvres dudit Bagneux et
acceptans par Me Philippe Estienne, prestre docteur en théologie et curé dudit
Bagneux estant ce jour à Paris à ce present en qualité de directeur et gene-
ral administrateur de ladicte Charité une somme de trois mil quatre cens
quatre vingt livres... » (Arch. nat., S. 3528).

D'autre part, le 23 août 1726, « André-Flory de Lessart et
dame Marie de Malezieu, femme de Louis, comte de Givry,
demeurante à Bagneux », donnaient 260 livres de rente sur les
gabelles pour « l'établissement de deux sœurs de la charité en la

paroisse de Bagneux pour l'instruction des jeunes filles dudit lieu, et autres charges » *(ibid.)*.

Cette famille de Givry nous est connue encore par un autre acte du 3 novembre 1715, aux termes duquel la fabrique de la paroisse concède à Louis, comte de Givry, gouverneur de la Rochelle, propriétaire d'une maison à Bagneux, « une place dans la nef de l'église dudit lieu de Bagneux pour y construire un banc », au prix de 18 livres de rente (S. 3529).

La charité s'était déjà exercée dans le village par la création, en 1676, de 14 livres de rente « pour l'achat à perpétuité de huit aunes d'étoffe, moitié rouge, moitié bleue, pour être distribuées à perpétuité à huit pauvres petits garçons de la paroisse » (S. 3525).

Dans un autre ordre d'idées, les archives de la paroisse, conservées aux Archives nationales, contiennent un dossier des années 1725-1727, sur la réfection du chemin de la Rapée (ou Rapie), allant de la croix de Bagneux, pavé d'Orléans, au village. Le Chapitre de Notre-Dame accorde son autorisation ; il est dit que le chemin a 716 toises de long sur 2 de large (environ 1.430 mètres sur 4) (S 3529). Ce chemin n'est autre que le chemin de grande communication, n° 68, de Meudon à Arcueil, au Nord duquel existe encore aujourd'hui un lieu dit la Rapie. Quant à la croix qui marquait son intersection avec la grande route d'Orléans, elle dut disparaître pendant la Révolution.

Nous renvoyons au livre de M. Toulouze pour les détails très curieux, parfois même un peu discursifs, qu'il donne : sur la fin de l'ancien régime à Bagneux, les Cent-Suisses qui y habitaient, non pas en caserne, mais dans les maisons du village, sur l'astronome Fortin, sur la résidence que firent successivement Augereau et Masséna dans l'ancien presbytère, devenu bien national, sur l'habitation qu'y occupait Béranger vers 1830, sur le théâtre (qui ne fut jamais, à proprement parler, public) dépendant de la propriété Marchal de Sancy, etc.

On conserve à la mairie un registre d'actes municipaux créé en 1787 par suite de l'édit royal du 8 juillet qui donnait pour la première fois aux municipalités une existence régulière et uniforme, en même temps qu'il prescrivait la division de la France en départements et en arrondissements. Dans cette répartition, Bagneux faisait partie du département de Corbeil et de l'arrondissement de Bourg-la-Reine. Ses habitants, réunis en assemblée générale le 15 août 1787, nommèrent membres de la municipalité

Dominique-Vincent Pluchet, Antoine de La Salle et Claude Maugarny ; ils choisirent pour syndic Jean-Baptiste Alliette.

Les doléances de la municipalité aux États généraux furent rédigées le 13 avril 1789, à l'issue de la messe paroissiale. En voici les passages principaux :

> Le sol aride et sablonneux de la majeure partie de notre terroir, impropre à la culture du blé, tant par sa nature que par le nombre infini des lapins et autre gibier des trois espèces, qui le dévoreraient de préférence au seigle, le rend par là d'un moindre rapport.
>
> Le nombre excessif des carrières, qui l'ont absolument détérioré et qui le bouleversent encore, qui ne laissent après leur exploitation qu'une surface chargée de décombres impropres à la végétation, incapable d'aucune espèce de culture pendant un laps de temps, sert encore de refuge aux lapins et aux rats qui ravagent toute espèce de récoltes sans pouvoir prétendre à aucune espèce d'indemnité. Cette vermine, proscrite par les intentions bienveillantes de S. M., qu'un hiver rigoureux aurait dû détruire entièrement, existe encore par les gardes qui, dans la crainte de perdre cette branche de leurs revenus, les ont alimentés journellement au milieu des repaires qui en fourmillent. En proie au gibier des plaisirs du Roi comme lièvres, perdrix, faisans, dont le nombre s'est accru et multiplié à l'infini, nos champs sont dévastés, et, sous le spécieux prétexte de leur conservation, nous ne pouvons pas arracher de nos grains les herbes parasites, qui croissent toujours à leur détriment, que, par suite du même motif destructeur, nous avons tous les ans la douleur de voir perdre nos récoltes de prairie artificielle, faute d'avoir la permission de les couper dans les temps convenables.

Les habitants se plaignent ensuite avec amertume de l'impôt « désastreux » des droits rétablis, qui pèse sur tous les objets de première nécessité comme le bois et le vin.

Ils déplorent aussi que les bouchers de Paris aient le doit de faire paître leurs moutons en nombre infini, qui dévastent les champs et les vignes, — qu'on leur fasse payer deux livres quinze sols par voiture le droit, dont ils jouissaient jadis gratuitement, de prendre les boues de Paris pour l'engrais des terres.

Ils terminent en formulant sept articles de revendications : établissement d'un seul impôt sur toutes les propriétés indistinctement ; — suppression totale des capitaineries ; — même poids et même mesure dans tout le royaume ; — suppression des milices, « attendu qu'elles sont destructives des campagnes » ; — abolition de tous privilèges pécuniaires ; — suppression des justices seigneuriales ; — suppression des aides et des gabelles [1].

---

1. *Archives parlementaires*, t. IV, pp. 328-329.

L'Assemblée constituante allait donner aux Municipalités, devenues Communes, un nouveau régime. Le 7 février 1790, les « citoyens actifs » élurent maire Louis-François Garnier, fermier de Galande, qui n'accepta pas et fut remplacé par l'ancien syndic J.-B. Alliette ; malheureusement, le registre de 1787, dont il a été plus haut question, s'arrête à 1790, et la collection des délibérations municipales ne reprend qu'en 1809 ; cette lacune est regrettable, car elle nous prive de renseignements, qui sont toujours précieux, sur l'époque révolutionnaire. Par le peu de documents conservés, il est permis de juger que le grand mouvement d'émancipation resta pacifique à Bagneux. Voici même une lettre émanant de la municipalité et qui dénote un état d'esprit qu'aujourd'hui on appellerait conservateur :

Aux citoyens agent et administrateurs du district de Bourg-de-l'Égalité
(Bourg-la-Reine)

       Citoyens,

Dans la vente de la maison des ci-devant sœurs de la Charité de Bagneux que vous devez adjuger le 26 vendémiaire, vous avez compris sur l'affiche une apothicairerie qui ne vaut peut-être pas 15 livres en pots de fayence et drogues ; mais elle est fort utile aux pauvres de notre commune. Les ci-devant sœurs de la Charité n'ont point cessé de soigner les malades et de leur administrer quelques remèdes dans le pressant besoin. Nous serions privés de ce secours quand vous auriez vendu le peu de drogues qui nous restent, ainsi que les deux seringues banales et palettes d'étain qui en font partie. Il y a encore deux ustensiles de cuivre, dont un petit alambic et un poêle ; vous savez que les métaux sont à la Nation et ne peuvent être vendus ; tous ces ustensiles et drogues ne sont d'aucune utilité à l'acquéreur, certain qu'il ne voudrait pas user de médicaments qu'il ne connaît pas, et ne feront pas vendre la maison plus cher.

Nous demandons que cette apothicairerie nous soit laissée pour nos pauvres jusqu'à ce que des chirurgiens nommés par plusieurs communes pour avoir soin des pauvres malades, ainsi qu'il est dans l'intention de la Convention nationale, soient décrétés et organisés. Nous retirerons ces objets dans notre maison commune et viderons le cabinet de la maison en vente.

Salut et fraternité.

Ce 24 vendémiaire de l'an 3 de la République française (14 octobre 1794).

                    Fortin, maire [1].

Le signataire officiel de cette requête, Fortin, était maire de Bagneux depuis l'année précédente. Il avait dû cette dignité à sa

---

[1]. Archives de la Seine, Dép. L. IV.

valeur scientifique : Fortin était astronome et géographe ; il mourut dans la maison du village qu'il avait achetée, 8, rue de Châtillon, en 1817. Son acte de décès est ainsi dressé dans les registres de l'état civil de l'année 1817 : « Jean-Baptiste Fortin, mécanicien du Roi et géographe pour les globes et sphères, né le 2 décembre 1740, est décédé ce jourd'hui à 3 heures du matin. »

C'est donc par erreur que M. Toulouze (p. 191) le fait naître à Paris, le 31 janvier 1719.

La pénurie de faits dignes d'être relatés nous contraint à la brièveté. Voici comment la municipalité accueillit la Révolution de 1848 :

L'an mil huit cent quarante-huit, le 12 mars, le Conseil municipal de la commune de Bagneux réuni spontanément sous la présidence de M. le maire et pénétré des sentiments patriotiques des habitants de la commune et de leur dévouement à la République française, déclare solennellement dans la présente assemblée donner son adhésion pleine et entière au gouvernement de la République française qui ouvre une ère si belle et si glorieuse de liberté, d'égalité et de fraternité à tous les Français et qui rallie autour de lui l'ordre, l'honneur et l'avenir de la France, de cette France si riche et si belle que toutes les nations respecteront et qui doit tenir le premier rang au milieu d'elles et leur donner l'exemple de toutes les vertus républicaines.

Le Conseil donc prie M. le Conseiller d'arrondissement, délégué à Sceaux, de vouloir bien faire connaître au gouvernement provisoire son adhésion entière et sincère à la République française.

Vive la République !

Le 19 novembre suivant, une fête eut lieu dans la commune en l'honneur de la promulgation de la Constitution. Le registre des délibérations en rend compte à la date du 20. D'abord on distribua aux indigents des secours en espèces auxquels on ajouta « un pain, un pot-au-feu et une falourde ». Un *Te Deum*, à l'église, précéda la lecture du texte de la Constitution ; puis un banquet réunit 110 convives. « Le patriotisme, l'union, la concorde n'ont pas cessé d'y régner un moment ; on voyait toutes les figures radieuses se féliciter mutuellement du bonheur d'assister à une telle fête. » Le soir, il y eut bal, et, continue le narrateur, « nous le disons avec le plus grand plaisir, nos citoyens ont été d'une galanterie admirable ; on prenait son tour pour danser ; la fête a été complète ; pas un mot de désagréable ; il n'y a que la République et la Constitution qui peuvent donner un accord aussi fraternel ; cette fête sera gravée dans la mémoire des enfants de la plus tendre jeunesse, et les hommes de tout âge se la rappelleront jusqu'au tombeau. »

Vingt-deux ans plus tard, les annales de Bagneux allaient avoir à enregistrer les événements les plus cruels qu'il soit réservé à un pays de subir. Le 15 septembre 1870, l'ennemi approchait avec une telle rapidité que les habitants durent fuir vers Paris. Le 19, se produisait la déplorable déroute de Châtillon ; le 22, la municipalité qui avait, elle aussi, émigré, se réunissait boulevard Montparnasse, 130, « dans le lieu où avait été transférée la mairie » et là, sous la présidence de M. Leviaux, maire provisoire, votait trois mille francs de secours pour les familles indigentes réfugiées à Paris. Elle tint encore des séances de pure forme les 21 octobre et 21 décembre, et ne se retrouva à Bagneux que le 31 juillet 1871.

Durant cette période, le sol de Bagneux fut arrosé, hélas ! surtout de sang français, car il fut le théâtre, en avril et mai 1871, de nombreuses et meurtrières rencontres entre les troupes du gouvernement de Versailles et celles des fédérés parisiens.

Pendant la guerre étrangère, un combat célèbre, très honorable pour nos armes, s'était livré à Bagneux. Le 13 octobre, la division du général Blanchard cherchait à prendre contact avec les Prussiens à droite de la route d'Orléans, au delà du fort de Montrouge, dont les feux la protégaient. Les mobiles de l'Aube, sous les ordres du commandant de Dampierre, marchaient en tête ; ils atteignirent, sans rencontrer de résistance, les premières maisons de Bagneux ; mais, une fois là, ils se trouvèrent en face de l'ennemi, fortement retranché dans la rue Morisseau. Presque aussitôt, devant la maison de cette rue qui porte le n° 1, Dampierre tombait mortellement blessé. Les mobiles firent des prodiges de valeur pour venger la mort de leur chef. Les troupes de ligne qui marchaient derrière eux ne combattirent pas moins vaillamment ; mais, devant des forces trop considérables, il fallut battre en retraite. Le souvenir de la mort glorieuse du commandant de Dampierre est perpétué à Bagneux par un monument et une inscription, décrits plus bas. Il n'est que juste de rappeler ici qu'à côté de Dampierre combattait M. Casimir-Perier, depuis président de la République.

On trouvera dans le livre de M. Toulouze la relation, un peu dramatisée peut-être, du séjour qu'avaient fait trois habitants du village dans une carrière abandonnée, sise rue d'Arcueil, entre le 16 septembre et le 13 octobre.

Depuis l'année terrible, les deux faits principaux pour l'histoire générale de Bagneux sont la création du cimetière parisien dont il est parlé ci-dessous (page 20) et l'ouverture récente à l'exploitation (13 juillet 1900) d'une ligne de tramways (Châtenay-Champ-de-Mars), donnant enfin au coquet village les facilités de relations avec la capitale dont il était jusqu'alors si insuffisamment pourvu.

II.— MODIFICATIONS TERRITORIALES ET ADMINISTRATIVES

Les archives de la Seine possèdent, sous la cote E. 1 (Bagneux), un précieux document de 1775 ; c'est le procès-verbal d'arpentage du domaine de Bagneux appartenant au Chapitre de Notre-Dame, seigneur du lieu.

La ferme seigneuriale est dite entourée de murs tenant vers l'occident à la grande rue et à la place où est la croix : du côté du midi, à la rue de Renaud ; puis, vient la mention d'un terrain voisin de l'église, où le chapitre a fait bâtir les prisons.

Suivent les lieux dits : les Billettes, — les Vaux, — les Tolaingrains, — la Voye du Peron, — la Grande Voie de Paris, — la Voie d'Arcueil à Vanves, — le Bas-Menil, — Lormeteau, ou Blanc-Mesnil, — les Carrières ou Blanc-Mesnil, — la Croix-Corbin, — la Voye de Bièvres, — le Prunier hardy, — le Champ des Oiseaux, — la Fosse à l'eau, — les Blains, — Tue Bœuf, — la Borne de Longchamp, — la Croix des Sablons — le Port-Galant.

« Le parc du fief de Garlande, situé à Bagneux, paye pour indemnité de la dîme par arrangement la somme de dix livres chaque année... et le parc de Montrouge... cinq livres douze sols.

« Il y a sur ce terroir de Bagneux deux cantons de dixmes étrangères ; l'un appellé les Tolaingrains, et le haut du Blanc-Mesnil dont la dixme appartient au Grand-Prieur de France et l'autre appelé le Bas du Bichet et des Tates. »

La circonscription de la seigneurie « commence et tient d'un côté vers midi à la grande route de Paris à Orléans depuis le terroir d'Arcueil jusqu'au pavillon et mur du jardin de M. Payent, à l'entrée de Bourg-la-Reine ; d'autre côté vers septentrion, au village de Châtillon, sur les murs du jardin de Madame Puant et terroir dudit Châtillon suivant la voye de Fontenay à Paris jusqu'au carrefour de ladite voye avec celle de Châtillon et Vanves à Bagneux (où est une ancienne borne de seigneurie).

« Dudit carrefour, suivant toujours la voye de Fontenay, par un angle rentrant jusqu'au carrefour de ladite voye du Pas rond au bout de l'allée en face du château de Madame la comtesse de Guiche ; ensuite continuant la même voye de Fontenay en allant du côté de Paris jusqu'au carrefour de ladite voye avec celle d'Arcueil à Vanves, puis, par hache sortante suivant ladite voye d'Arcueil à Vanves laissant à main gauche le terrain de Châtillon jusqu'au chemin des Charbonniers qui fait séparation du terrain de Bagneux avec celui de Vanves. Et suivant ledit chemin des Charbonniers la longueur de 129 perches 1/3 jusqu'à une séparation de pièce qui est en même ligne d'un orme de remarque, figuré au plan.

« D'un bout vers orient, suivant ladite séparation jusqu'au bout de ladite pièce ; de là par plusieurs haches sortante et rentrante traversant la voye de Fontenay à Paris, allant jusqu'au parc de Montrouge ; suivant le parc en revenant du côté de Bagneux jusqu'à l'angle au bout de la dixme du Grand-Prieur ; retournant ensuite jusqu'à la grille qui est sur le chemin de Bagneux à Paris ; suivant ledit chemin jusqu'à la première séparation et têtière de pièces, qui fait limite de la seigneurie de Bagneux et de celle d'Arcueil, par plusieurs petits coudes jusqu'à la grande route de Paris à Orléans.

« Et d'autre bout, vers occident, aux pavillon et murs du jardin de M. Payent au Bourg-la-Reine ; suivant ledit jardin jusqu'au chemin de Bourg-la-Reine à Fontenay aux Roses, qui fait séparation du terroir de Bagneux avec celui de Sceaux jusqu'à la voye des Brunots ; prenant et suivant ladite voye et celle du moulin de la Tour, qui font séparation du terroir de Bagneux d'avec celui de Fontenay aux Roses jusqu'au coin du susdit mur de Madame Puant, ce qui clôt le territoire de Bagneux. »

Au total, ajoute en terminant le rédacteur de cet utile arpentage: 1.442 arpents, 16 perches, pour l'ensemble du territoire, celui de la seigneurie ayant en moins 316 arpents, 29 perches 1/2.

Le 2 février 1793, la municipalité écrivait au Directoire du district de Bourg-la-Reine pour obtenir un dégrèvement d'impôts, en faisant valoir qu'on avait indûment augmenté le nombre d'arpents composant son territoire et qu'il résultait des déclarations faites par les propriétaires en 1791 qu'il ne devait être compté que 1.260 arpents, 46 perches (Arch. de la Seine, L. IV).

Par délibération du 5 juillet 1847, le Conseil municipal s'opposa de tout son pouvoir à ce que le fort de Montrouge fût attribué à la commune de Montrouge. Il déclarait que le fort, tout entier sur le territoire de Bagneux, y faisait partie d'une agglomération assez considérable. On sait que, malgré cette revendication à laquelle la commune de Montrouge en opposait, d'ailleurs, une contradictoire, la loi du 5 août 1851 attribua le territoire du fort, tout en lui laissant son nom, à la commune d'Arcueil (*Recueil des Actes administratifs de la Préfecture de la Seine*, 1851).

Par délibération du 19 novembre 1861, le Conseil municipal, assisté des plus imposés, consentit à céder à Montrouge, pour favoriser son extension, 53 hectares de territoire, équivalant à un rendement foncier de 900 francs ; mais il réclamait en échange 20 hectares pris sur Châtillon, au lieu dit « la Pierre Plate » et 10 hectares environ, sur Bourg-la-Reine, au lieu dit les Coquarts, qui avaient déjà dépendu de Bagneux (Voy. la notice sur Bourg-la-Reine, p. 25). En revanche, une délibération du 11 février 1866 était prise pour protester contre le projet émis d'enlever à Bagneux, au profit de Montrouge, environ 51 hectares (représentant 100 habitants et plus de 800 francs de contributions) situés au delà de la route stratégique. Une nouvelle délibération du 13 février 1873 avait encore le même objet ; finalement, sauf une légère enclave au Nord-Est, la route stratégique continue à former la limite entre les deux communes.

Une modification bien autrement considérable allait être apportée à l'aspect du territoire communal, sans d'ailleurs modifier, en quoi que ce soit, la juridiction municipale. La Ville de Paris, contrainte, une fois de plus, de chercher dans la banlieue un emplacement pour ses inhumations n'ayant pas le caractère de la perpétuité, jeta les yeux sur le vaste terrain situé au Nord de l'agglomération de Bagneux, et qui, ayant fait jadis partie de l'enclos de Galande, était désigné sous les noms des lieux dits : les Basses Vallées, la Fosse Brunette, le Prunier hardi. Un décret d'utilité publique fut rendu, le 22 mai 1884, consacrant l'acquisi-

tion de 62 hectares,9 ares, soit à l'amiable, soit par voie d'expro-
priation. Cette surface fut portée à 67 hectares.

Le cimetière fut ouvert en 1886 et affecté aux inhumations
provenant des 1er, 6e, 7e, 14e et 15e arrondissements parisiens.
Dans sa séance du 22 novembre 1890, le Conseil municipal de
Bagneux réclamait la subvention de 15.000 francs qui lui avait été
promise par la Ville de Paris pour l'indemniser d'une création
« si nuisible aux intérêts de la commune », et, le 24 août 1893, il
émettait le vœu que la porte Sud du cimetière parisien, sise rue
des Maraîchers, fût ouverte aux mêmes heures que les autres
portes, ajoutant que « ce serait une faible compensation au
préjudice causé à notre commune par la création de cette vaste
nécropole ».

Administrativement, Bagneux a toujours dépendu du district
ou de l'arrondissement qui ont eu Bourg-la-Reine, puis Sceaux
pour chef-lieu ; au point de vue cantonal, il a fait partie du canton
de Châtillon pendant la Révolution, et, lorsque cette division
fut supprimée, en l'an IX, il fut rattaché immuablement au canton
de Sceaux.

Son conseil municipal consulté, le 15 mai 1879, sur la demande
formulée par la commune de Vanves de constituer un canton,
avait estimé qu'il n'y avait pas lieu à prendre cette demande en
considération. Vanves n'en a pas moins été érigé en chef-lieu de
canton par la loi du 12 avril 1893.

III. — ANNALES ADMINISTRATIVES. — LISTE DES MAIRES

Population. — A la date de 1831, la commune comptait
« 182 citoyens inscrits, dont 155 propres à faire le service ».

Le dénombrement de 1866 fournit un tableau très complet des
différentes catégories d'habitants au point de vue de l'état civil :

Sexe masculin : 897 dont 492 garçons, 385 hommes mariés et
19 veufs ;
Sexe féminin : 815 dont 364 filles, 367 femmes mariées et
84 veuves.

Total. . . . 1.712

Instruction. — A la date du 25 septembre 1867, le registre des délibérations municipales contient de précieux renseignements sur la situation à cette date de l'instruction primaire. On y trouve les tableaux suivants :

ANNÉES	ÉLÈVES PAYANTS	ÉLÈVES GRATUITS	TOTAL	RÉTRIBUTION scolaire
ÉCOLE DE GARÇONS				
1864...............	47	18	65	830
1865...............	61	16	77	1.162 50
1866...............	63	19	82	1.382 50
Total.........	171	53	224	3.375
Moyenne...........	57	17	74	1.125
ÉCOLE DE FILLES				
1864...............	26	58	84	555
1865...............	25	53	78	510
1866...............	27	56	83	467 50
Total.........	78	167	245	1.532 50
Moyenne...........	26	55	81	510 83

Le Conseil arrête qu'il n'y a pas lieu d'ouvrir de nouvelles écoles, ni de nommer un instituteur adjoint. En ce qui concerne l'école des filles, comme la commune paye deux sœurs de charité à raison de 500 francs chacune et que l'une d'elles fait fonction d'institutrice adjointe, le Conseil décide qu'il n'y a qu'à maintenir cet état de choses.

Il pense, sur la question de la gratuité et après un examen minutieux de la situation financière, qu'il ne semble pas possible de l'établir présentement.

Quant aux cours d'adultes, il est d'avis de fixer à 200 francs par an le supplément à payer à l'instituteur, et pareille somme à l'institutrice pendant les quatre mois d'hiver, à charge par eux de pourvoir à l'éclairage.

Le 3 novembre 1872, le Conseil décidait que la limite maxima du nombre des enfants élevés gratuitement serait portée de 20 à 3o, sous cette réserve qu'à partir du chiffre 20, les parents reconnus aptes à le faire payeraient 1 franc par mois pour racheter la différence de 1 fr. 5o à 2 fr. 5o qui existe entre la gratuité payée par la commune et la rétribution acquittée par les parents dont les enfants ne sont pas admis à la gratuité. Le 13 février suivant, étaient votés les quatre centimes additionnels destinés à créer la gratuité absolue à dater du 1er janvier 1874.

Industrie. — Il résulte des termes d'une délibération du 15 février 1874 que les carriers ayant abandonné la plaine et étant remplacés par des champignonnistes, il serait bon de faire payer à ces derniers, — qui d'ailleurs ne s'y refusent pas, — la subvention que fournissaient les premiers pour l'entretien des chemins et d'en fixer le taux à 20 francs par trou d'exploitation.

Alimentation d'eau. —·Une délibération du 9 juillet 1837 invoque deux ordonnances royales, l'une du 26 novembre 1836, l'autre du 22 mars 1837, réglant les conditions dans lesquelles le sieur Chameroy est autorisé à fournir la commune de Bagneux de l'eau de Seine prise dans le petit bras d'Issy, entre les îles Panckouke et Seguin. Le 7 octobre 1865, la commune passa avec MM. Crobailles et Zacharie, pour l'alimentation en eau potable, un traité dont la suite a été reprise par la Compagnie générale des Eaux.

Bureau de poste. — Sa création était déjà réclamée en 1847 (10 novembre). A cette date, le service était fait par le facteur de Châtillon qui n'avait pas moins de 3o kilomètres, par jour, à parcourir ; la plupart des lettres ne parvenaient qu'à onze heures du matin. Un nouveau vœu était émis, à cet égard, le 8 novembre 1874, et ne reçut satisfaction qu'en 1883, sur l'engagement, pris par la commune, de fournir gratis, pendant quinze ans, les locaux nécessaires au bureau et au logement du titulaire.

La même année, a été installé le télégraphe. Un traité a été signé le 25 novembre 1900 pour l'installation d'une cabine téléphonique.

Moyens de transport. — Bagneux fut, pendant très longtemps, fort mal desservi, — on peut presque dire isolé, — dans ses rapports avec Paris. Successivement, le tramway d'Arpajon et, tout récemment, celui de Châtenay, qui dessert directement le bourg, ont fait oublier, à ses habitants, l'incommodité de la voiture publique qui transportait les voyageurs à l'église Saint-Pierre de Montrouge.

Noms des rues.— La plupart des rues ont gardé leurs anciennes dénominations. Une délibération du 18 novembre 1898 s'est bornée à donner le nom de Fortin à la rue de Châtillon (voy. p. 16), — de rue de la Mairie à l'ancienne rue Pavée, ainsi nommée parce qu'elle avait été la première pavée, — et de place du Treize-Octobre à la place de la Croix.

MAIRES DE BAGNEUX

GARNIER, LOUIS-FRANÇOIS. Élu le 7 février 1790, démissionnaire le 21 mars suivant.

ALLIETTE, JEAN-BAPTISTE. Élu le 6 avril 1790.

MAUGARNY. Mentionné en 1793.

FORTIN, JEAN-BAPTISTE. Mentionné en 1793 et 1794.

VOLLÉE. Agent municipal en l'an V. Maire en l'an VIII.

VARNIER. Mentionné en 1809.

LERAT. Mentionné en 1812.

BANCELIN. 1813-1815.

VARENNE, AUGUSTIN-PIERRE (de). 1815-1825.

GARNIER. 1826-1834.

MARTINEAU, FRANÇOIS-EDME-JOSEPH. 1834-1836.

BAZIN. 1836-1841.

BAUZON, FRANÇOIS. 1841-1849.

BANCELIN, DENIS-ANDRÉ. 1849-1854.

BANCELIN, LOUIS-PIERRE-PROSPER. 1854-1858.

ROUSSEAU, LOUIS-PIERRE. 1858-1865.

HUILLIER, FRANÇOIS-LOUIS-CHARLES-PIERRE-PAUL. 1865-1869.

SURIVET, LOUIS. 1869-septembre 1870. Faisant fonctions de maire.

LEVIAUX, PHILIPPE-AUGUSTE. Élu maire provisoire, le 6 septembre 1870. Réélu le 13 août 1871. Nommé par arrêté préfectoral du 9 mars 1874. Élu le 8 octobre 1876 et réélu le 21 janvier 1878. Démissionnaire l'année suivante.

SURIVET, LOUIS. Élu le 6 octobre 1879. Démissionnaire.

LEVIAUX, PHILIPPE-AUGUSTE. 1879-1881. Démissionnaire.

GRUYER, ACHILLE. 1881-1888.

DERVIEUX, JEAN-BAPTISTE. 1888-1899. Démissionnaire.

TISSIER, THÉODORE-RICHARD. Élu le 30 avril 1899. Réélu le 19 mai 1900.

IV. — MONUMENTS ET ÉDIFICES PUBLICS

Mairie. — Pendant la majeure partie du siècle, la mairie fut nomade, c'est-à-dire installée au domicile même du maire ou dans une maison en location. Déjà, en 1852 (26 décembre), la municipalité avait eu en vue d'acheter « pour en faire une maison commune pouvant réunir la mairie, le corps de garde et les écoles de garçons et de filles, ainsi que les logements des instituteur et institutrice », la maison de M. Bancelin, alors maire, dont la valeur était estimée 74.226 francs ; mais cela ne se fit pas. Nous voyons qu'en 1863, les écoles de garçons et filles venaient d'être construites, au prix de 103.971 fr. 91, et qu'en outre, un crédit de 2.650 francs avait été voté (4 novembre 1862) pour l'acquisition d'un immeuble attenant à l'école des filles et destiné à servir de salle d'asile. A titre provisoire, la mairie fut installée dans une dépendance des écoles. C'est le 19 janvier 1873, seulement, que fut voté le principe de la construction de la mairie actuelle, et cette opération fut décidée en novembre de la même année ; le devis s'éleva à 37.792 fr. 66.

Église. — Les archéologues font, à juste titre, grand cas de cet édifice qui, datant du commencement du XIIIe siècle, est d'une architecture si soignée, qu'on lui a attribué, pour constructeur, quelqu'un des habiles praticiens que le Chapitre de Notre-Dame de Paris employait alors à la construction de la cathédrale. Il est, d'ailleurs, classé comme monument historique, mais depuis une époque relativement récente ; par délibération du 9 août 1846, le Conseil municipal réclamait ce classement ; il le réclamait encore le 29 juin 1851, en ajoutant : « Au surplus, M. Mérimée, chef de l'inspection des monuments historiques, peut au besoin donner une appréciation consciencieuse sur la valeur incontestable de l'église en question. » Les biographes de de Mérimée ignoraient ce certificat de zèle consciencieux, donné par une modeste municipalité à l'illustre écrivain.

Guilhermy, dans son Recueil des *Inscriptions de l'ancien diocèse de Paris*, a donné (t. III, pp. 557-579) le texte complet et parfois la figuration des nombreuses inscriptions, pierres tombales et dalles de fondations que renferme l'église de Bagneux ; M. Toulouze en a fait autant et y a joint une excellente description de l'édifice ; nous renvoyons donc à ces deux ouvrages. Déjà restaurée très complètement en 1845, l'église dut l'être non moins, après les deux guerres de 1870 et de 1871 ; dans sa séance du 25 août 1871, le Conseil municipal constatait que la dépense s'élèverait à 53.288 fr. 64 et invitait les habitants à ouvrir une souscription publique.

Cimetière. — L'ancien cimetière était de toute antiquité en bordure de la rue de Fontenay, sur l'emplacement qu'occupe aujourd'hui la place Dampierre. Par délibération du 12 novembre 1865, le Conseil en autorisa la translation au lieu dit le Pas-Rond, derrière le mur de l'ancien parc de Galande ; le prix du terrain était de 10.500 francs.

Monuments commémoratifs. — Ainsi que nous l'avons dit, le glorieux combat du 13 octobre 1870 est commémoré à Bagneux par plusieurs monuments. Le plus important est celui qui porte le buste du commandant de Dampierre et a été construit par MM. de Metz et Lalanne ; le buste est l'œuvre du sculpteur A. de Vasselot. Le 16 mai 1874, le Conseil municipal prenait la délibération suivante :

Le Conseil,

Vu la pétition adressée au Conseil par le Comité au nom des souscripteurs ;
Considérant que ce monument historique construit au milieu de la place de Dampierre ne peut qu'augmenter non seulement l'ornementation de cette place, mais principalement rappeler au souvenir de nos arrière-neveux les devoirs de chaque citoyen portés jusqu'au sacrifice de leur vie pour défendre le sol de la patrie contre l'invasion étrangère ;
Ce monument doit rappeler encore que ceux à la mémoire desquels il est destiné succombèrent au premier de tous les combats de Paris, après avoir repoussé victorieusement les postes allemands qui occupaient le village de Bagneux ;

Délibère :

Est d'avis qu'il y a lieu d'approuver la demande des souscripteurs, et de l'appuyer, s'il y a lieu, auprès de M. le Préfet de la Seine, pour le prier de donner l'autorisation d'ériger ce monument historique et commémoratif au milieu de la place dite de Dampierre, commune de Bagneux.

Voici le texte des inscriptions :

Dieu   †   Patrie

A LA MÉMOIRE DE
ANNE-MARIE-ANDRÉ-HENRI
PICOT, Cte DE DAMPIERRE
COMMANDANT
DU 1er BATon DE MOBILES DE L'AUBE
FRAPPÉ A MORT POUR LA FRANCE A BAGNEUX
LE 13 OCTOBRE 1870

VISI SUNT OCULIS INSIPIENTIUM MORI
S. 3. 2.
SPES ILLORUM IMMORTALITATE PLENA
S. 3. 4.

MONUMENT ÉLEVÉ
PAR SOUSCRIPTION PRIVÉE
SUR L'INITIATIVE DES HABITANTS
ET DE M. LEVIAUX
MAIRE DE BAGNEUX
AVEC LE CONCOURS DE
MM. DE METZ ET A. LALANNE ARCHITECTES
ET DE M. DE VASSELOT, STATUAIRE
INAUGURÉ LE 13 OCTOBRE 1874

AUX MOBILES DE L'AUBE
AUX SOLDATS DE TOUTES ARMES
QUI ONT SUCCOMBÉ A BAGNEUX
LE 13 OCTOBRE 1870

La maison portant le n° 1 de la rue Morisseau a reçu l'inscription suivante :

Ici

EST TOMBÉ FRAPPÉ A MORT
ANNE-MARIE-ANDRÉ-HENRY PICOT
COMTE DE DAMPIERRE
COMMANDANT LE 1er BATAILLON
DE LA GARDE NATIONALE MOBILE
(DE L'AUBE)
13 OCTOBRE 1870.

Enfin, on lit sur la place du Treize-Octobre, — anciennement place de la Croix, — cette autre inscription :

RÉPUBLIQUE FRANÇAISE

A LA MÉMOIRE
DES GARDES MOBILES
ET COMBATTANTS DE LA CÔTE D'OR,
MORTS SOUS BAGNEUX
POUR LA DÉFENSE DE LA PATRIE,
13 OCTOBRE 1870.
LEURS FRÈRES D'ARMES. — 1883.

BIBLIOGRAPHIE

L'ABBÉ LEBEUF, *Histoire du diocèse de Paris*, t. III, pp. 565-572 de l'édition de 1883.

TROCHE, *Mémoire historique et archéologique sur Bagneux.*

BALTHAZAR (l'abbé), Notice sur l'église de Bagneux, dans la *Revue archéologique*, t. XIII, pp. 194-198.

THOISON (Eugène), *l'Instruction primaire à Bagneux au XVIIIe siècle*. Extrait du *Bulletin de la Société de l'histoire de Paris et de l'Ile-de-France*, 16e année (1899), pp. 179-182.

Plan des canaux du parc du château et de la ferme de Garlande, situés à Bagneux, par E. Toulouze et Vasco, année 1892 (deux éditions, l'une coloriée, l'autre en noir).

TOULOUZE (Eugène), *Histoire d'un village ignoré (Balneolum)*, accompagnée de 82 dessins à la plume, avec une préface par M. H. Monin ; *Paris*, Schmidt, in-8 ; 230 pp.

FERNAND BOURNON

RENSEIGNEMENTS

ADMINISTRATIFS

I. — TOPOGRAPHIE, DÉMOGRAPHIE ET FINANCES

---

§ I. — TERRITOIRE ET DOMAINE

A. — TERRITOIRE

Nom. — Bagneux.

Dénomination des habitants. — Bagneusiens

Armoiries. — La commune ne possède pas d'armoiries [1].

Limites du territoire. — La commune de Bagneux est bornée :
Au Nord, par Montrouge ;
A l'Est, par Arcueil-Cachan ;
Au Sud, par Bourg-la-Reine et Sceaux ;
A l'Ouest, par Fontenay-aux-Roses et Châtillon.

Quartiers, hameaux, écarts. — Galande se compose de quelques maisons au Nord de l'agglomération et formant pour ainsi dire corps avec elle ; le Petit-Bagneux et la Grange Ory, sont deux écarts de peu d'importance situés sur la route de Toulouse.

---

1. *L'Inventaire des Sceaux,* de Douet d'Arcq, mentionne, sous le n° 3.921, un sceau dont l'original est au musée du Louvre et qui était, au XIV° siècle, celui de Jeanne de Viste, dame de Châtillon et de Bagneux ; il représente deux écus en cartouche se pénétrant. Le premier porte une bande chargée d'un demi-vol et accompagnée de trois étoiles ; le second, une branche chargée de deux croissants.

Lieux dits. — Les Basses Vallées, la Fosse Bernette [1], les Fonds de Vanves, la Pierre Plate, la Remise, les Terres Abonnées, le Prunier Hardi, l'Ile des Vœux, le Pas Rond, le Champ des Oiseaux, la Fosse à l'Eau, la Madeleine, les Vœux, Quartier des Billettes, les Olivettes, le Moulin Blanchard, le Clos la Paume, la Rapie, les Monceaux, les Épinettes, les Thubœufs, les Frais Culs, les Buttes, la Lisette, les Mathurins, la Roue, les Blains, les Brugnauts, la Porte d'en bas, la Couture, les Longchamps, les Bas Longchamps, les Sablons, la Sarrasine, la Pointe des Sablons, les Guverons, les Coquarts, les Pichets, les Hautes Tartes, la Renardière, les Tartes, les Basses Tartes.

Superficie de la commune. — La superficie actuelle du territoire est de 506 hectares, dont :

Propriétés bâties.	42 hectares
Propriétés non bâties.	464 —
Total égal	506 hectares

Arrondissement. — Sceaux.

Canton. — Sceaux.

Circonscription électorale législative. — 4ᵉ circonscription de l'arrondissement de Sceaux.

Sectionnement électoral. — Pas de sectionnement.

Bureau de vote. — Un seul bureau de vote, à la mairie.

Circonscription de commissariat. — Commissariat de police de Montrouge.

Orographie. — Point le plus élevé au-dessus du niveau de la mer : 105 mètres à la briqueterie des Sablons (au Sud de la commune).

Point le plus bas : 55 mètres (limites de la commune avec Bourg-la-Reine et Sceaux).

L'altitude a été repérée à l'église à la cote 109 mètres.

Hydrographie. — Le ruisseau de la Fontaine du Moulin prend naissance à Fontenay-aux-Roses, forme limite entre cette

---

1. Ces deux lieux dits forment le cimetière parisien de Bagneux.

commune et celle de Sceaux, puis entre celle-ci et Bagneux sur une longueur de 200 mètres, et parcourt souterrainement Bourg-la-Reine avant de se jeter dans la Bièvre.

A différentes reprises, on a trouvé, lors des fouilles faites sur le territoire de la commune et notamment dans le parc de Montrouge, situé sur l'emplacement de l'ancien château, des traces certaines de canalisation entre Montrouge et Bagneux.

Tout récemment encore, des conduits ont été découverts, dans le parcours d'un village à l'autre, à une profondeur d'environ 1 m. 50. On a même reconnu, à divers endroits, l'emplacement des réservoirs où aboutissaient ces conduits.

On voit encore sur un point du territoire, au lieu dit « les Tartes », les restes d'une fontaine érigée en 1767 par M. Gueffier, et qui alimentait un lavoir communal.

Il existe, d'ailleurs, dans les archives, un plan géométral des voûtes et galeries souterraines des conduits d'eaux de la commune de Bagneux. Ce plan fut dressé en 1821 par M. Montaigu, contrôleur-vérificateur aux recettes des eaux de Paris, et devait servir à un projet de réparation des conduits mis à l'étude par M. Devarenne, maire. Le rapport fait à cet égard constate que les galeries souterraines construites en maçonnerie, et d'une longueur totale de 270 mètres, paraissent avoir été faites sous le règne de Henri III. Neuf regards pratiqués de distance en distance donnaient accès dans les galeries. Les sources d'où provenaient ces eaux n'ont pu être retrouvées malgré toutes les tentatives faites à cette époque.

Des pièces datées de 1636, classées dans les archives de Montrouge, portent à croire que les eaux dont Bagneux jouissait autrefois et dont le volume était, paraît-il, considérable, ont été vendues par le seigneur de cette commune à celui de Montrouge. Il paraît que ces eaux, s'étant perdues dans le trajet qu'il fallait qu'elles parcourussent pour se rendre de leur ancienne à leur nouvelle destination, n'ont jamais pu être livrées et qu'il en est résulté un procès entre l'acquéreur et le vendeur.

Une analyse, faite en 1821, lors du projet de restauration des conduits, fit découvrir que les eaux de Bagneux contenaient du sulfate et du carbonate de chaux en trop grande quantité pour pouvoir être utilisées avantageusement, et le projet fut abandonné.

TABLEAU.

3

DÉSIGNATION des COURS D'EAU	LOCALITÉS du département situées SUR LES COURS D'EAU	LIMITES dans le département DES COURS D'EAU ou de leurs sections		LONGUEURS comprises dans le DÉPARTEMENT		LARGEUR MOYENNE des cours d'eau ou de leurs sections	PENTE TOTALE par cours d'eau ou par section	SURFACE DU VERSANT de chaque cours d'eau dans le DÉPARTEMENT
		A L'AMONT	A L'AVAL	PAR SECTION	PAR COURS D'EAU			
				mèt.	mèt.	mèt.	mèt.	mèt.
Ru de la Fontaine du Moulin	Fontenay-aux-Roses, Sceaux, Bagneux, Bourg-la-Reine	Fontenay-aux-Roses	Bièvre	2.800	2.800	0,75	46,81	»

B. — DOMAINE

Mairie. — La mairie est située rue de la Mairie, anciennement rue Pavée ; c'est un bâtiment d'aspect très simple qui comprend : au rez-de-chaussée, le cabinet du secrétaire, le cabinet du maire, le bureau du percepteur, le logement du concierge ; au 1er étage, la salle des mariages, en même temps salle du Conseil.

La mairie a été construite en 1875 et a coûté 44.566 fr. 23.

Écoles. — L'école des filles, installée dans l'ancienne école des garçons, est située à droite de la mairie et l'école maternelle à gauche.

Une nouvelle école des garçons, située entre la rue de la Mairie et la rue Morisseau, a été inaugurée, en octobre 1900, par M. de Selves, Préfet de la Seine.

Ces trois immeubles appartiennent à la commune et sont séparés par un vaste jardin public.

Église. — L'église de Bagneux, sous le vocable de saint Herbland, classée parmi les monuments historiques, est considérée comme un des plus beaux spécimens de l'architecture du moyen âge, au XIIIᵉ siècle.

Accusant nettement le style de transition entre le plein cintre et l'ogive, cette église reproduit d'une façon curieuse, dans ses proportions relatives, les formes distinctes de Notre-Dame de Paris.

L'église a huit travées dans la nef et six dans le chœur ; ce chœur, qui forme l'abside, est carré. Il y a trois petites arcades plein cintre par travée. Huit fenêtres rondes éclairent la nef. Le chœur est éclairé par la grande fenêtre du fond, par une petite fenêtre ronde placée au-dessus de la première, et par cinq autres fenêtres carrées, trois à gauche et deux à droite. Les deux collatéraux sont également éclairés par des fenêtres ouvertes dans les gros murs.

L'église, par sa position actuelle, n'est pas isolée entièrement; elle tient, à gauche et derrière le chœur, à plusieurs propriétés. Restaurée aux frais de l'État en 1844, elle fut ornée environ vingt ans après d'une peinture d'un goût douteux. La nef est couverte d'une couche de peinture jaune clair; les détails des chapiteaux du chœur disparaissent, en partie, sous un empâtement de couleur verte.

Les événements de 1870 nécessitèrent une nouvelle restauration qui a porté sur l'intérieur, le clocher, les combles et les deux façades donnant sur la voie publique. Les deux façades engagées dans les propriétés voisines n'ont pas été restaurées. L'ancienne maison presbytérale de Bagneux, située au côté nord de l'église, à l'angle gauche du portail, intercepte tout passage de ce côté, où n'existe même pas le tour d'échelle indispensable pour la réparation des couvertures.

A diverses reprises, la municipalité a protesté contre un état de choses si préjudiciable à la conservation de l'édifice et qui constitue un empiétement sur le domaine public communal, mais la question n'a jamais été tranchée.

Le monument a subi, de 1891 à 1898, une nouvelle restauration qui a coûté 25.000 francs.

Il n'existe, dans la commune, ni *Temple,* ni *Synagogue.*

Presbytère. — Le presbytère a été acheté par la commune, en 1860, au prix de 8.000 francs. Il est situé place de l'Église et occupe une superficie de 400 mètres carrés.

Cimetière. — Ce cimetière communal est situé avenue du Cimetière, au lieu dit « le Pas rond ». Il a été acheté en 1865 et ouvert en 1867; il a une contenance de 68 ares.

<pre>
Le prix du terrain s'est élevé à. . .   11.780   »
      — des travaux   —   . . .   18.712,66
               TOTAL. 30.492,66
</pre>

Dans le cimetière se trouve un caveau dépositoire ouvert en 1867, qui a coûté 500 francs, et un ossuaire renfermant les restes exhumés de l'ancien cimetière.

Pour le tarif des concessions et le tarif de dépôt des corps dans le caveau dépositoire, voir Annexe.

Tombes militaires. — Deux terrains entourés d'une grille en fer contiennent : l'un, les corps des soldats français, l'autre, les corps des soldats allemands, tombés en 1870.

De plus, sur une petite place quadrangulaire qui a pris le nom de Dampierre, s'élève un monument composé d'une pyramide avec des inscriptions rappelant la bataille du 13 octobre 1870 ; il contient un buste du commandant Dampierre, qui commandait les mobiles de l'Aube et qui fut tué à Bagneux.

Hospice. *Hôpital.* *Morgue.* *Dispensaire.* *Fourneau économique* [1]. *Théâtre.* *Abattoir.* *Fourrière.*	La commune n'a aucun de ces établissements.

Terrains communaux. — Place Dampierre, non classée dans la domanialité publique.

Fort. — Le fort de Montrouge, dépendant d'Arcueil, forme une enclave dans la commune de Bagneux.

§ II. — DÉMOGRAPHIE

A. — POPULATION

Les dénombrements faits depuis 1801 donnent les résultats suivants :

1801	575 [2]
1817	657
1831	879

---

1 Il y une cantine scolaire annexée à la Caisse des écoles.

2 Un siècle auparavant, en 1709, lors du dénombrement des paroisses de la Généralité de Paris, la population de Bagneux ne comprenait que 100 feux. *(Appendice (p. 428) au Mémoire de la Généralité de Paris pour l'instruction du duc de Bourgogne,* publié dans la Collection des documents inédits de l'histoire de France, par M. de Boislisle.)

```
1836 . . . . . . . . . . . . . . . . . .    930
1841 . . . . . . . . . . . . . . . . . .  1.075
1846 . . . . . . . . . . . . . . . . . .  1.201
1851 . . . . . . . . . . . . . . . . . .  1.156
1856 . . . . . . . . . . . . . . . . . .  1.289
1861 . . . . . . . . . . . . . . . . . .  1.358
1866 . . . . . . . . . . . . . . . . . .  1.712
1872 . . . . . . . . . . . . . . . . . .  1.459
1876 . . . . . . . . . . . . . . . . . .  1.509
1881 . . . . . . . . . . . . . . . . . .  1.509
1886 . . . . . . . . . . . . . . . . . .  1.500
1891 . . . . . . . . . . . . . . . . . .  1.583
1896 . . . . . . . . . . . . . . . . . .  1.742
```

Les chiffres de la population ne s'augmentent que très lentement et cela tient à ce que la commune, qui avait beaucoup souffert de la guerre de 1870, avait été dénuée jusqu'à présent de tout moyen de communication direct avec Paris et les communes voisines.

Les tableaux dressés à la suite du dernier recensement contiennent les résultats suivants:

Population résidente : 1.742 habitants.

```
Résidents présents. . . . . . . .  1.716 )
    —      absents . . . . . . .      4  } 1.742 habitants
Population comptée à part. . .      22  )
```

La population *recensée comme présente*, le 29 .mars 1896, se décompose ainsi :

	ENFANTS ou célibataires	MARIÉS	VEUFS	DIVORCÉS	TOTAL
Hommes............	501	357	33	2	898
Femmes	399	347	98	»	844
	900	704	136	2	1.742

La population de Bagneux, au point de vue de la provenance, se divise ainsi :

17/28es d'habitants nés à Bagneux ;

10/28es d'habitants venus de divers points de la France ;

1/28e d'Alsaciens et d'étrangers.

Le classement de cette population par nationalité est résumé dans le tableau suivant :

		HOMMES	FEMMES	TOTAL
Français	Nés de parents français............	847	805	1.652
	Naturalisés	14	14	28
Étrangers	Anglais...........................	1	1	2
	Américains	3	»	3
	Allemands.......................	2	4	6
	Belges...........................	26	16	42
	Luxembourgeois.................	1	2	3
	Italiens..........................	»	1	1
	Suisse	4	1	5
		898	844	1.742

Les départements de la France qui fournissent à la commune
le plus fort contingent sont :

Seine (non compris Bagneux) . . . .   537 habitants
Seine-et-Oise   142   —

En résumé, la population de Bagneux est ainsi répartie d'après
le lieu de naissance :

Français . . .   1.680 habitants dont 925 nés dans la commune.
Étrangers. . .   62 habitants dont   » nés dans la commune.
Soit un total de. 1.742 habitants dont 925 nés dans la commune.

Dans l'année 1899, l'état civil a enregistré :

37 naissances ;
41 décès ;
18 mariages ;
4 divorces.

B. — HABITATIONS

Nombre de maisons : 235.

Habitations composées d'un rez-de-chaussée.   32
    —   —   d'un étage.   131
    —   —   de deux étages.   60
    —   —   de trois étages ou plus.   12
                          Total.   235

dont. . . . .   222 occupées
et . . . .   13 vacantes
Nombre de logements : 572, occupés par. . . .   99 isolés.
et. . . .   473 familles.
9 ateliers, 7 magasins ou boutiques

C. — DIVERS

Électeurs inscrits en 1900. — 461.

Recrutement. — 11 conscrits ont tiré au sort en 1900.

Chevaux. — 50 chevaux appartenant à 36 propriétaires :

Chevaux entiers .	16 dont	» au-dessous de 6 ans et	16 au-dessus
Chevaux hongres.	25 dont	»	—	25	—
Juments	9 dont	»	—	9	—
Totaux. . . .	50 dont	» au-dessous de 6 ans	50 au-dessus

Voitures. — 71 voitures appartenant à 53 propriétaires :

25 à 2 roues, attelées de 1 cheval
18 — — de 2 chevaux
14 à 4 roues, attelées de 1 cheval
14 — de 2 chevaux
Total . . . 71

§ III. — FINANCES

A. — CONTRIBUTIONS

Principal des contributions directes en 1900 :

Contribution foncière.	7.754	»
— personnelle et mobilière . . .	4.870	»
— des portes et fenêtres	3.024	»
— des patentes	3.648,42	
Total	19.296,42	

Perception des contributions. — La commune dépend de la perception de Montrouge. Les bureaux sont ouverts, rue de

Bagneux, nº 32, les lundis et mardis, de 9 heures à 3 heures ; de plus, le percepteur de cette circonscription se tient à la mairie de Bagneux, le 1er et le 3e vendredi de chaque mois, de 11 à 3 heures.

B. — OCTROI

Il n'y a pas d'octroi dans la commune.

C. — FINANCES COMMUNALES

Recettes ordinaires d'après le compte de 1899. 36.168,30
   —   extraordinaires   —   48.894,44

Total . . . . . . 85.062,74[1]

Dépenses ordinaires d'après le compte de 1899, 33.889,29[2]
   —   extraordinaires   —   46.881,25[2]

Total . . . . . . 80.770,54[3]

Les dépenses ordinaires se répartissent entre les principaux services de la manière suivante :

   1º Administration et police. 9.239.63
   2º Voirie 10.131,93
   3º Bienfaisance . . . . 1.800 »
   4º Enseignement 5.135,41
   5º Dépenses diverses 5.708,46

Emprunts. — La commune a contracté, avec la Caisse des Dépôts et Consignations, au taux de 3,60 %, un emprunt de 45.000 francs, pour la transformation des écoles et l'amélioration de la voirie, remboursable en 25 années, à partir du 25 août 1900. (Arrêté préfectoral du 13 février 1900.)

Secours. — La commune a reçu, depuis 1890, des secours pour les travaux énumérés ci-après :

Année 1891. — Viabilité du chemin de Bièvre : 15.000 francs.

1. Ces recettes constituent les ressources normales de la commune.

2. Non compris les restes à payer devant figurer au compte administratif de l'année suivante.

3. Ce total représente les dépenses normales de la commune.

Année 1894. — Réparations aux bâtiments communaux et au cimetière : 2.215 francs.

Année 1897. — Réparation aux bâtiments communaux et installation de 4 candélabres : 6.070 francs.

Année 1897. — Assainissement des rues de Sceaux et des Monceaux : 1.800 francs.

Année 1898. — Restauration de l'église : 2.335 francs.

Année 1899. — Écoles et viabilité : 70.000 francs.

Valeur du centime en 1900. — 196 fr. 79.

Nombre de centimes. — 125 centimes, dont 20 extraordinaires, non compris les 3 centimes pour frais de perception des impositions communales.

Charges par habitant. — 20 fr. 19.

Receveur municipal. — Le percepteur des contributions de Montrouge remplit les fonctions de receveur municipal de la commune de Bagneux.

Il reçoit, à cet effet, un traitement de 1.307 francs.

II. — SERVICES PUBLICS

§ I. — BIENFAISANCE

Bureau de bienfaisance. — Cet établissement charitable distribue, aux indigents, des secours en nature: pain, viande et combustible, et leur fait donner, en cas de maladie, les soins nécessaires.

Un médecin, attaché au Bureau de bienfaisance, reçoit une indemnité annuelle de 100 francs ; il n'y a pas de sage-femme.

Quinze familles, représentant 30 individus, sont inscrites au Bureau de bienfaisance.

En outre, le Bureau distribue, chaque hiver, des secours à des indigents non inscrits.

D'après la dernière situation financière, les recettes et les dépenses se sont balancées et sont montées à 2.000 francs.

Les revenus de l'établissement étant inférieurs à 30.000 francs, c'est le receveur municipal qui est, de droit, trésorier du Bureau ; il reçoit, à cet effet, une indemnité annuelle de 55 francs.

Il n'existe, dans la commune, ni *Hospice* ni *Hôpital*.

Traitement des malades dans les hôpitaux de Paris. — Les malades de la commune sont envoyés en traitement dans les hôpitaux de Paris. Jusqu'ici ils y étaient admis et traités aux conditions fixées par délibération des Conseil général et municipal de Paris, datant de 1890.

D'après ces actes, les dépenses occasionnées par le traitement de ces malades, évaluées à 3 fr. o5 par jour, défalcation faite des droits d'octroi, étaient supportées partie par la commune intéressée, partie par le département et partie par l'Administration générale de l'Assistance publique.

La contribution de la commune, calculée à raison de 1 franc par jour et par malade, pouvait être basée, au choix de la commune, soit sur le nombre moyen des journées de traitement des trois dernières années, soit sur le nombre réel des journées de traitement de l'année.

Celle du département était calculée aussi à raison de 1 franc par jour, mais elle était acquittée sous forme de subvention forfaitaire dont le chiffre avait été fixé à 225.000 francs par an ; le surplus était supporté par l'Assistance publique.

On a été amené à modifier ces conditions sous l'influence de l'élévation de la moyenne des prix de journée, qui passait de 3 fr. o5 à 3 fr. 34, et de l'augmentation du nombre de journées, dont la subvention du département, fixée une fois pour toutes, ne suivait pas les variations. Or, voici le système qui vient d'être admis par le Conseil général et qui, s'il est adopté par les communes, sera en vigueur pendant une période de 5 ans, à compter du 1er juillet 1899. Le prix de journée fixé à 3 fr. 34 est supporté jusqu'à concurrence de 1 fr. 10 par les communes, d'une égale somme par le département et de 1 fr. 14 par l'Administration générale de l'Assistance publique. Les communes conservent le droit, comme sous l'ancien régime, de contracter des abonnements dans les mêmes conditions ou de payer leur quote-part d'après le nombre exact des journées de traitement des malades ayant leur domicile de secours sur leur territoire. Quant au département, il versera, non plus une subvention fixée à forfait, mais une somme représentant exactement 1 fr. 10 par journée de traitement.

Le Conseil municipal n'a encore pris aucune décision sur ce point.

Assistance à domicile. — Par délibérations, en date des 18 décembre 1895 et 26 avril 1896, le Conseil général a fait inscrire, au budget départemental, une somme annuelle de 50.000 fr., destinée à subvenir à l'assistance à domicile des vieillards indigents, infirmes et incurables. La part contributive du département sera déterminée par l'administration, et devra correspondre au tiers de l'allocation municipale, qui, d'ailleurs, est facultative.

Les conditions d'âge sont 65 ans pour les indigents valides ; elles ne sont pas applicables aux infirmes et aux incurables.

Il faut, en outre, avoir séjourné depuis dix ans à Paris ou dans une commune du département.

Depuis les délibérations du Conseil général, une somme de 720 francs, dont 240 ont été remboursés par le département, a été employée annuellement pour assister 3 vieillards.

Aliénés. — Les proportions, dans lesquelles les communes du département doivent contribuer aux dépenses des aliénés, ont été fixées, par délibération du Conseil général, du 27 décembre 1886, à 20, 25, 30 et 35 % sur la dépense totale, suivant le revenu de la commune.

La somme payée, pour 1899, a été de 400 francs.

Enfants assistés et enfants maltraités ou moralement abandonnés. — L'hospice des enfants assistés par le département de la Seine est situé à Paris, rue Denfert-Rochereau, nᵒˢ 72 et 74.

Les enfants maltraités ou moralement abandonnés sont assimilés pour la dépense, depuis le 1ᵉʳ janvier 1890, aux enfants assistés, en vertu d'une délibération du Conseil général du 16 décembre 1899. Cette délibération a été prise dans le but de faire bénéficier le département des dispositions de l'article 25 de la loi du 24 juillet 1899. Aux termes de cet article, en effet, la subvention de l'État, dans les départements où le Conseil général se sera engagé à assimiler les enfants maltraités ou moralement abandonnés aux enfants assistés, doit être portée au cinquième des dépenses tant extérieures qu'intérieures des deux services.

Dans ces conditions, les charges relatives à ces deux services se confondent, et les communes, pour qui cette dépense est obligatoire, n'ont à fournir qu'un seul contingent.

La somme payée en 1899 a été de 500 francs.

Protection des enfants du 1ᵉʳ âge. — En 1899, les déclarations faites par les parents, conformément à l'article 7 de la loi du 23 décembre 1874, se résument ainsi qu'il suit :

	AU SEIN	AU BIBERON	TOTAL
Nombre d'enfants de Bagneux mis en nourrice dans le département de la Seine (hors Paris)....	5	8	13
Nombre d'enfants mis en nourrice hors du département de la Seine...................	5	19	24
	10	27	37

Les déclarations d'élevage faites par les nourrices de la localité ont été de 42 enfants dont 1 né hors du département de la Seine et 41 dans le département.

Il n'existe dans la commune ni *Crèche*, ni *Dispensaire*, ni *Fourneau économique*, mais une cantine scolaire est annexée à la Caisse des écoles.

Secours aux familles des réservistes.— Un crédit de 192 fr. 96 est inscrit au budget de 1900 pour cet objet.

Propagation de la vaccine. — Aux mois de mars et d'octobre, en exécution d'une circulaire préfectorale du 14 février 1894, les enfants des écoles sont vaccinés et revaccinés par les soins de l'Institut de vaccine animale, 8, rue Ballu, à Paris, qui vaccine également les jeunes enfants qu'on lui présente, même s'ils n'ont pas l'âge scolaire.

Caisse des écoles. — Conformément aux dispositions de l'article 15 de la loi du 16 avril 1867, une Caisse des écoles a été créée par délibération du Conseil municipal du 15 août 1881.

D'après la dernière situation financière, les recettes et les dépenses se sont montées à 2.000 francs, d'où balance.

Il n'y a pas de *Bureau municipal de placements gratuits.*

Il y a, à la mairie, un cadre pour recevoir les demandes ou les offres d'emplois.

Patronage des écoles communales. — Ce patronage a pour objet de réunir les élèves et les anciens élèves des écoles communales les dimanches et jours fériés et de leur procurer des distractions variées.

Un tir scolaire y a été annexé.

Société de secours mutuels. — La *Société de secours mutuels de Bagneux* a été fondée en 1852.

Cette Société, qui compte aujourd'hui 48 membres honoraires et 20 membres participants, reçoit les adhésions depuis quinze jusqu'à cinquante ans. Le droit d'admission varie suivant l'âge de l'adhérent, de 3 francs à 20 francs. La cotisation exigée annuellement est de 12 francs pour les membres honoraires et de 24 francs pour les membres participants. Cette Société se suffit à elle-même au moyen de ses ressources ordinaires ; la commune lui alloue seulement la somme nécessaire à l'achat de ses imprimés. Elle a une somme de 35.003 fr. 50 déposée à la Caisse des retraites et un disponible de 1.000 francs environ pour parer aux besoins urgents. Elle accorde à chacun de ses membres malades ou blessés :

1° Les soins du médecin ;

2° Les médicaments ;

3° 1 fr. 50 par jour de maladie, sans toutefois que la durée de ces secours puisse dépasser une limite de 90 jours. Si un sociétaire vient à décéder, la Société accorde 35 francs pour frais de sépulture et vient au secours de la veuve et des enfants en leur versant une somme de 100 francs. Depuis le 1er janvier 1873, il est accordé sur le fonds de réserve, à chaque sociétaire comptant au moins 70 ans d'âge et 25 ans d'association, une pension annuelle de 100 francs.

De nouveaux statuts ont été approuvés par arrêté ministériel du 22 mai 1900. Ils prévoient l'organisation des retraites par voie de livrets individuels. Le Conseil municipal a mis à la charge de la commune, à partir de 1901, le rachat des droits d'entrée dans la Société et une bonification des pensions servies aux sociétaires.

La situation financière se chiffre au 31 décembre 1899 par un excédent de recettes de 2.718 fr. 27.

§ II. — ENSEIGNEMENT

École de garçons. — L'école de garçons se compose de 90 élèves répartis en deux classes et ayant à leur tête un directeur et un adjoint.

École de filles. — L'école de filles, laïcisée depuis le 1er octobre 1898, comprend 95 élèves ; une directrice et une adjointe sont à la tête de chacune des deux classes.

École maternelle. — L'école maternelle, laïcisée depuis la même époque, a à sa tête une directrice ; les élèves sont au nombre de 87.

Enseignement du chant, du dessin et de la gymnastique. — Ces matières sont enseignées dans les limites du programme. Aucun crédit spécial ne figure au budget de 1900 pour ces articles.

Admission dans les écoles primaires supérieures et professionnelles de la Ville de Paris. — Il n'y a pas eu d'admission pour l'année scolaire 1899-1900.

Dons et legs faits aux écoles. — Néant.

Bibliothèques scolaires. — L'école des filles et l'école des garçons ont chacune une bibliothèque composée d'environ 250 volumes.

Association philotechnique et polytechnique. — La Société d'instruction et d'éducation populaire du canton de Sceaux et la Société républicaine des conférences populaires ont chacune une section à Bagneux et font des conférences à la mairie.

§ III. — VOIRIE

La longueur des voies de communication qui sillonnent le territoire de la commune est de :

1 route nationale.	1.160 mètres 55
1 route départementale	2.410 — 60
3 chemins de grande communication	3.972 —
2 chemins vicinaux ordinaires	2.015 —
47 chemins ruraux	4.350 —
Voirie urbaine	1.500 —
Total.	15.408 mètres 15

Route nationale. — La route nationale *n° 20, de Paris à Toulouse,* forme la limite Est de la commune avec Arcueil, sur une longueur de 1.160 m. 55.

Son état d'entretien est assez satisfaisant.

Route départementale. — La route départementale *n° 28, de Paris à Verrières*, traverse la commune, du Nord au Sud, dans toute sa longueur.

Sur son parcours, qui est de 2.410 m. 60, l'état est assez satisfaisant.

Un talus de déblai, formant une saillie gênante dans la traverse de Bagneux, va être supprimé.

Chemins vicinaux de grande communication. — 1° Le chemin vicinal de grande communication *n° 62, d'Issy à Gentilly*, forme la limite Nord de la commune avec Montrouge sur un parcours de 1.160 mètres.

La chaussée est dans un état satisfaisant.

2° Le chemin vicinal de grande communication *n° 68, de Meudon à Arcueil*, traverse la commune de l'Ouest à l'Est, sur une longueur de 2.262 mètres. Il se termine à la route nationale n° 1.

Sur le territoire de Bagneux, le pavage est défectueux.

3° Le chemin vicinal de grande communication *n° 74, de Châtillon à Bourg-la-Reine*, forme la limite Sud de Bagneux avec Sceaux sur une longueur de 600 mètres.

Son état est satisfaisant.

Chemins vicinaux ordinaires. — Le tableau suivant donne la situation des chemins vicinaux ordinaires qui se trouvent sur le territoire de Bagneux :

NUMÉROS	DÉSIGNATION DES CHEMINS	LONGUEUR	ORIGINE	FIN	LARGEUR moyenne		CHAUSSÉE		OBSERVATIONS
					TOTALE	CHAUSSÉE	NATURE	ÉTAT	
		m.			m.	m.			
1	DE VANVES A ARCUEIL	980	Territoire de Châtillon	Route nationale n° 20.	10	5	362 m. empierr. 438 m. pavée. 180 m. terre.	assez bon id.	360 mètres de mitoyenneté avec Châtillon.
2	DE BIÈVRE	1.035	Route dép. n° 28.	id.	10	5	Empierrement.	assez bon	
	TOTAL	2.015							

Longueur totale à entretenir par la commune de
Bagneux . . . . 1.835 mètres
Longueur à construire . . . . 180 —
Total égal. . . . . . . 2.015 mètres

Entretien. — Les dépenses relatives à l'entretien se sont élevées, en 1898, à 2.011 fr. 30. (Le département a alloué une subvention de 723 fr. 08.)

Travaux neufs sur chemins vicinaux ordinaires	Travaux faits dans l'année et dépenses correspondantes	Néant.
	Projets en préparation	Néant.

Chemins ruraux. — Les chemins ruraux sont au nombre de 50 ; leur étendue est de 4 kilomètres 350 mètres ; leur énumération ne présente aucun intérêt.

Route militaire. — Le chemin de grande communication n° 62 a pris le nom de route stratégique du fort de Vanves au fort de Montrouge.

Voirie urbaine. — Les rues de la commune sont au nombre de 7 et présentent un développement de 1.500 mètres.

Voirie urbaine	Travaux faits dans l'année et dépenses correspondantes	Alignement de la rue Morisseau et réfection de pavage. . . . . 15.000 francs
	Projets en préparation	Néant.

Prestations. — Par suite de l'insuffisance des ressources ordinaires de la commune, applicables à l'entretien des chemins vicinaux, le Conseil municipal vote, chaque année, trois journées de prestations en nature dont la valeur en argent est appréciée par le Conseil d'arrondissement et le Conseil général.

Le rôle de l'année 1900 comporte 1231 articles imposés se décomposant comme suit :

1.422 journées d'homme à 2 francs	2.844 »
474	—	de cheval à 2 fr. 25	1.066,50
9	—	d'âne à 0 fr. 75	6,75
414	—	de voiture à 2 fr. 25	931,50

Sur ce nombre de journées, sont faites en nature :

35 journées d'homme ;
17 journées de cheval ;
2 journées d'âne ;
10 journées de voiture.

Entretien des rues et des chemins ruraux. — L'entretien des rues de la commune et des chemins ruraux se fait par un cantonnier communal sous la direction de l'agent voyer communal.

Balayage. — Les habitants sont tenus de balayer deux fois par semaine au droit de leur maison.

Un adjudicataire, concessionnaire pour trois ans depuis le 1er janvier 1899, enlève les ordures deux fois par semaine.

Droits de voirie. — Voir aux Annexes.

Une recette de 489 fr. 26 figure, à cet article, au compte de 1899.

Pont. — Néant.

Rus. — Il a été fait mention, à l'article « Hydrographie », du seul ru qui se trouve sur le territoire de la commune. Le curage est fait, selon l'usage, par les soins de l'Administration et aux frais des riverains, chacun au droit de soi, en l'absence de règlements généraux et par application du décret du 14 floréal an XI sur les canaux et rivières non navigables.

Port. — Néant.

Égout. — Il existe une canalisation communale sous la rue de Sceaux et sous la rue des Monceaux, et un égout départemental rue de la Mairie et rue de Paris.

Enlèvement des boues. — Voir « Balayage ».

Distance de Paris. — La distance de Paris (parvis Notre-Dame) à Bagneux (mairie) est de 7 kilomètres 700 mètres, en suivant la route départementale n⁰ 28.

Distance du chef-lieu de canton. — Bagneux est à 2 kilomètres 800 mètres de Sceaux.

Distance des autres communes du canton :
Fontenay-aux-Roses est à 1 kilomètre 200 mètres ;
Le Plessis-Piquet est à 3 kilomètres 500 mètres ;
Bourg-la-Reine est à 3 kilomètres 800 mètres ;

Montrouge est à 4 kilomètres 400 mètres ;
Châtenay est à 4 kilomètres 400 mètres ;
Antony est à 7 kilomètres 300 mètres.

Moyens de transport. — Le chemin de fer sur route d'Arpajon a deux stations sur la route nationale n° 20 ; mais elles se trouvent fort éloignées de l'agglomération centrale à laquelle elles ne sont reliées par aucun service de voiture.

Un décret du 30 mars 1899 a déclaré d'utilité publique l'établissement d'une ligne de tramways à traction mécanique, de Châtenay au Champ-de-Mars par Bagneux ; l'inauguration de la ligne a eu lieu le 13 juillet 1900.

Le prix des places est ainsi fixé :

	1ʳᵉ CLASSE	2ᵉ CLASSE
Dans Paris	o fr. 15	o fr. 10
Des fortifications à Bagneux.	o fr. 35	o fr. 20

Omnibus. — Néant.

Eaux. — La commune de Bagneux est alimentée en eau par la Compagnie générale des Eaux, dont le siège social est à Paris, rue d'Anjou, n° 52, en vertu d'un traité du 7 octobre 1865, approuvé le 25 janvier 1866, pour une durée de 45 ans, prenant fin le 24 janvier 1910.

Le prix des abonnements particuliers est fixé comme suit :

250 litres par 24 heures, 55 francs par an.
500 — 100 —
750 — 130 —
1.000 — 160 —
1.250 — 200 —
1.500 — 220 —

et pour toute quantité excédant 1.500 litres, à raison de 90 francs le mètre cube.

La commune bénéficie d'une réduction de 50 % sur ce tarif.

Un abonnement de 500 litres est fourni gratuitement aux écoles.

Éclairage. — La Compagnie a passé avec la Compagnie parisienne d'éclairage et de chauffage par le gaz, dont le siège social est à Paris, rue Condorcet, n° 6, un traité, approuvé par arrêté préfectoral du 22 juin 1867 et prenant fin le 31 décembre 1905.

L'éclairage public comprend 25 becs.

Le gaz est fourni au prix de 40 centimes pour les particuliers et de 20 centimes pour la commune.

§ IV. — JUSTICE ET POLICE

Justice de paix. — La commune de Bagneux dépend de la Justice de paix de Sceaux.

Les audiences de conciliation ont lieu le mardi à 1 heure et les audiences publiques le vendredi à 1 heure. De plus, des audiences de conciliation ont lieu le mercredi, à 1 heure, à Montrouge ; mais le Conseil municipal a voté la suppression, à partir de 1901, de ces dernières audiences.

Officiers ministériels. — La commune n'a pas d'officier ministériel.

Commissariat et agents de police. — Bagneux relève du commissariat de police dont le siège est à Montrouge. Des agents de ce commissariat font des tournées quotidiennes dans la commune.

Gendarmerie. — La commune dépend de la gendarmerie de Châtillon qui fait des rondes, chaque jour, sur le territoire de Bagneux.

Garde champêtre. — Il n'y a, dans la commune, qu'un garde champêtre.

§ V. — CULTES

Paroisse. — La paroisse de Bagneux constitue une succursale dont le titulaire reçoit un traitement de 900 francs par an.

Budget de la fabrique. — Les recettes du budget de la fabrique s'élèvent à 2.000 francs environ.

Fondations. — Il n'existe pas de fondations dans la commune.

Congrégations. — Des sœurs de Saint-Vincent-de-Paul, au nombre de huit, tiennent une école de filles et une école maternelle avec un pensionnat annexe.

§ VI. — SERVICES DIVERS

Poste, télégraphe, téléphone. — Le bureau de poste et de télégraphe est situé rue de Fontenay, 2 ; il est ouvert tous les jours de la semaine, de 7 heures à midi et de 2 heures à 7 heures ; les dimanches et fêtes, de 7 heures à 10 heures et de midi à 3 heures.

Le service est fait par une receveuse, un facteur et un porteur de dépêches télégraphiques.

Caisse nationale d'épargne (postale). — 35 livrets ont été délivrés en 1899 pour une somme de 3.500 francs.

Sapeurs-pompiers. — La subdivision des sapeurs-pompiers de Bagneux se compose de 16 hommes commandés par un sous-lieutenant.

Les pompiers sont exonérés des prestations.

Le Conseil municipal a voté en 1899 :

Solde des tambours et clairons	100 »
Assurance ou secours et pensions en faveur des sapeurs-pompiers blessés, de leurs veuves ou de leurs enfants	67,75
Habillement et équipement	50 »
Frais de registres	25 »
Frais de déplacement, indemnités ou gratifications .	240 »
Rachat de la prestation individuelle des pompiers .	75 »
Entretien des pompes et accessoires	100 »

Le matériel de secours, composé de deux pompes et d'un dévidoir, est remisé dans un bâtiment situé rue Morisseau.

Marché. — Il n'existe pas de marché dans la commune.

Pompes funèbres. — La commune n'a passé de traité avec aucune compagnie ; c'est la fabrique qui, sur la demande des familles, se charge de faire venir le matériel nécessaire.

Bureaux de tabac. — L'unique bureau de tabac est situé place de l'Église.

Bibliothèque municipale publique. — La commune ne possède pas de bibliothèque municipale publique.

Archives de la commune. — Les archives de la commune se composent :
Des registres paroissiaux depuis l'année 1540 ;
Des registres de l'état civil depuis la Révolution ;
Des registres des délibérations depuis la même époque :
Et de divers dossiers, tous modernes.
Tous ces registres sont cartonnés et en assez bon état.

§ VII. — PERSONNEL COMMUNAL

NOMBRE	EMPLOI	TRAITEMENT
1	Médecin de l'état civil	150 francs
1	Secrétaire de la mairie	2.800 —
1	Receveur municipal (emploi occupé par le percepteur de Montrouge)	1.307 —
1	Architecte	5 % s. mémoires
1	Agent voyer	5 % s. mémoires
1	Cantonnier des rues et des chemins ruraux	1.500 francs
1	Cantonnier des chemins vicinaux	1.200 —
2	Garde champêtre	900 —
1	Concierge de la mairie	300 francs
1	Gardien du cimetière et fossoyeur	750 —
1	Femme de service de l'école maternelle	600 —

III.— RENSEIGNEMENTS DIVERS

Fêtes locales et foires.— La fête communale a lieu en octobre, pendant trois dimanches consécutifs, à l'issue des vendanges, et l'on y vient déguster le vin nouveau ; elle se tient place Dampierre.

Le dimanche de la fête le plus rapproché du 13 octobre est consacré à une cérémonie commémorative du combat du 13 octobre 1870.

Courses de chevaux. — Néant.

Principales industries. — Plusieurs briqueteries occupant ensemble 200 ouvriers ; une fabrique de cuir verni occupant 100 ouvriers.

Commerce et productions du pays. — L'exploitation de la pierre a cessé, les carrières étant épuisées ; mais on continue à extraire du plâtre. La culture maraîchère occupe un assez grand nombre d'habitants du pays.

Le tableau suivant donne un aperçu des principaux genres de culture : la viticulture y est toujours en honneur.

TABLEAU

TERRI-TOIRE			CULTURES LABOURABLES					CULTURES FOURRAGERES				CULTURES industrielles	ARBORICUL-TURE	HORTI-CULTURE		VITICULTURE	Superficie non cultivée
Superficie totale	Agricole	Non agricole	Froment	Seigle	Avoine	Pommes de terre	Diverses	Betteraves	Diverses	Luzerne	Foin	Pommes de terre pour féculeries		de rapport	de plaisance		
hec.	hec.	hec.	hec.	hec.	hec.	hec.	hec.	hec.	hec.	hec.	hec.	hec.	hec.	hec.	hec.	hec.	hec.
5o6	238	268	75	6	20	5o	15	1	»	20	»	»	»	35	4	7	5
			166					21				»	»	39		7	5
238 hectares																	

Rendement moyen par hectare ensemencé :

Froment.	36 hectolitres
Avoine.	5o —
Pommes de terre.	155 quintaux
Betteraves	5oo —
Vignes	45 hectolitres

Écoles libres. — Les sœurs de Saint-Vincent-de-Paul dirigent, depuis le 1er octobre 1898, une école libre de filles, une école maternelle et un pensionnat primaire.

Établissements privés de bienfaisance. — Néant.

Sociétés diverses. — Une fanfare se compose de 3o membres.

Médecins, pharmaciens, vétérinaires, sages-femmes. — 1 médecin, 1 pharmacien ; pas de vétérinaire ni de sage-femme.

Cimetière parisien de Bagneux. — Le cimetière de Bagneux, ainsi appelé parce qu'il se trouve sur le territoire de la commune de Bagneux, est limité, au Nord, par la route stratégique du fort de Vanves au fort de Montrouge ; à l'Ouest, par la voie de Fontenay à Paris ; au Sud, par l'avenue du Cimetière (ancienne voie de Bagneux) et la rue des Maraîchers ; à l'Est, par la route départementale n° 28, de Paris à Verrières, et par des propriétés particulières.

Sa superficie totale est de . . . . 61 h. 51 a. 94 c.

dont 38 20 32

sont occupés par les bâtiments, les chemins et avenues et par les plantations établies en bordure des carrés en divisions, où ont lieu les inhumations.

Il ne reste donc disponible pour le service des inhumations qu'une surface de. . . . . . 23 h. 31 a. 62 c.

Le cimetière de Bagneux, dont l'établissement a été voté par le Conseil municipal de Paris dans sa séance du 28 juin 1883, a été ouvert aux inhumations temporaires et gratuites le 15 novembre 1886, en vertu d'un arrêté préfectoral en date du 9 du même mois.

Depuis le 1er janvier 1887, en exécution d'un arrêté préfectoral du 30 décembre 1886, il reçoit les inhumations en concessions trentenaires.

Un arrêté préfectoral du 21 décembre 1893 a autorisé, à partir du 1er janvier 1894, la délivrance des concessions perpétuelles au prix de 500 francs.

Le cimetière de Bagneux comprend 108 divisions déterminées par des avenues droites se coupant à angles droits.

Cette disposition a l'avantage de se prêter mieux que toute autre à l'exacte utilisation du terrain et permet d'assurer la surveillance avec un personnel aussi restreint que possible, en facilitant en même temps au public la recherche des tombes qu'il vient visiter.

Les divisions affectent la forme de carrés de 62 mètres de côté. Chacune se subdivise en quatre parties égales et terminées par un chemin en croix d'une largeur de 2 mètres et comporte une partie intérieure destinée à servir aux inhumations, puis un chemin d'un mètre entourant ce noyau, puis une zone plantée d'une largeur de 4 mètres sur deux côtés et de 6 mètres sur les autres, masquant la vue des tombes.

L'accès de l'intérieur des divisions est assuré par le chemin en croix de 2 mètres.

Les dimensions des carrés affectés aux inhumations sont invariables : 48 mètres sur 52 pour les divisions affectées aux inhumations trentenaires et temporaires ; 46 mètres sur 51 pour les divisions affectées aux inhumations en tranchées gratuites.

Le cimetière de Bagneux est partagé en deux parties égales,

par une grande avenue partant de la porte principale et traversant tout le cimetière ; sa largeur est de 20 mètres : chaussée, 8 mètres ; trottoirs, 6 mètres, plantés d'une double rangée d'arbres.

Deux allées transversales, de même largeur, croisent cette avenue principale.

Les allées ordinaires se composent d'une chaussée de 5 mètres, bordée par des trottoirs de 2 mètres. De deux en deux avenues, les allées ont été portées à une largeur de 12 mètres (chaussée, 6 mètres; trottoirs, 3 mètres).

La longueur totale des chemins du cimetière de Bagneux est de 17 kilomètres ; l'essence des arbres d'alignement varie pour chaque avenue et sert à dénommer les différentes voies.

Dans l'avenue principale, ont été ménagés trois ronds-points destinés à l'érection de monuments de souvenir.

Les seize premières divisions du cimetière de Bagneux sont affectées aux inhumations en concessions perpétuelles et trentenaires ; les inhumations en concessions temporaires s'effectuent dans les autres divisions situées à droite de l'avenue principale, et les inhumations en tranchées gratuites dans les divisions à gauche de cette avenue.

Les concessions perpétuelles et les concessions trentenaires sont toutes d'une superficie de 2 mètres (1 mètre de façade sur 2 mètres de profondeur, avec isolement de 40 centimètres à la tête et sur les côtés, et de 1 mètre au pied).

Les concessions temporaires, d'une contenance de 2 mètres et qui, dans les anciens cimetières, ne sont accessibles que par une de leurs extrémités, sont isolées à la tête et au pied par un chemin d'un mètre.

Chaque division comprend 32 lignes à 25 fosses chacune, soit 200 fosses par carré et 800 fosses par division.

Les tranchées gratuites sont ménagées en lignes de 2 mètres, séparées par un intervalle de 50 centimètres.

Les dimensions des divisions affectées aux inhumations gratuites, 46 mètres sur 51 mètres, permettent d'y inhumer 2.372 corps.

Inhumations. — Le cimetière de Bagneux reçoit les inhumations en concessions temporaires et en tranchée gratuite des Ier, IVe, Ve, VIe, VIIe, XIVe et XVe arrondissements.

Toute personne domiciliée à Paris peut y acquérir une concession perpétuelle ou trentenaire.

Depuis le 1er janvier 1887, les inhumations en fosses temporaires gratuites des sœurs hospitalières qui, précédemment, étaient faites au cimetière d'Ivry, s'effectuent au cimetière de Bagneux, 32e division, dans le carré situé à l'angle de l'avenue des Ormes de Klemmer; un carré de la 37e division est réservé aux inhumations en concessions temporaires des personnes appartenant au culte israéllte.

Enfin, en sus des inhumations faites sur mandat des maires, le cimetière de Bagneux reçoit, depuis son ouverture, les corps non réclamés de l'hospice Sainte-Anne et de la Morgue et, depuis le 1er avril 1887, les corps non réclamés des hôpitaux, qui, précédemment, étaient dirigés sur le cimetière d'Ivry.

Les corps de l'hospice Sainte-Anne et de la Morgue sont inhumés, 107e division, dans des tranchées distinctes.

La 108e division est affectée à l'inhumation des débris d'hôpitaux.

ANNEXES

CONSEIL MUNICIPAL (1900)

(Effectif légal : 16 membres)

MM. TISSIER, Théodore-Richard, maire.

PATHI, Adolphe, adjoint.

GIBON, Laurent, conseiller.

COLLIN, François, —

FILLON, Jean, —

THIPHAINE, Jules-Edmond, conseiller.

SANDRIN, Jacques-Antoine, conseiller.

MAUGARNY, Camille-Albert, conseiller.

MM. MARTINE, François, conseiller.

POULAINT, Joseph, —

BLEUSE, Eugène, —

PLUCHET, Alphonse, —

LANGUILLE, Louis, —

GERLAT, Pierre-Joseph, conseiller.

LABRE, Charles, conseiller.

N..., conseiller.

TARIF DES CONCESSIONS

DANS

LE CIMETIÈRE

(Délibération du 14 mai 1893, approuvée le 21 juin suivant)

Des concessions perpétuelles, trentenaires ou temporaires de dix ans sont délivrées aux prix fixés par le tarif suivant :

CONCESSIONS PERPÉTUELLES

Un mètre	150 fr.
Deux mètres.	300 fr.
Le mètre supplémentaire.	300 fr.

CONCESSIONS TRENTENAIRES

Un mètre.	90 fr.
Deux mètres.	150 fr.
Le mètre supplémentaire.	150 fr.

CONCESSIONS DÉCENNALES

Un mètre	90 fr.
Deux mètres.	60 fr.
Le mètre supplémentaire	45 fr.

DROITS DE SÉJOUR DANS LE CAVEAU PROVISOIRE

(Délibération du 12 février 1865, approuvée le 9 octobre suivant)

1re période de 45 jours

15 premiers jours.	10 francs
Les 30 jours suivants.	25 —

2e période de 45 jours

Taxe fixe et indivisible	45 francs

3e période

Au delà de 90 jours, chaque jour	4 francs

TARIF DES DROITS DE VOIRIE

(Modifiés par délibération du Conseil municipal du 24 mai 1898,
approuvée le 2 août suivant)

§ I. — CONSTRUCTIONS NEUVES

Droit d'alignement de bâtiment en maçonnerie, bois et fer, ainsi que mur de clôture, le mètre courant . . . 1 fr. »

Droits à percevoir sur bâtiments de toutes natures :

Rez-de-chaussée. . . . . 2 fr. 5o

1er étage . . . . 2 fr. »

2e — . . . . 1 fr. 5o

3e — . . . . 1 fr. »

4e — . . . . o fr. 5o

Alignement d'une clôture en planches, treillage, grillage, échalas, fossés, haies vives ou sèches, par mètre linéaire. . . . . o fr. 25

(Les constructions en pans de bois subiront le tarif ci-dessus).

Alignement de grille en fer sur mur, supplément par mètre linéaire. . . . . o fr. 5o

Alignement de grille en bois sur mur, supplément par mètre linéaire. . . . . o fr. 25

§ II. — CONSTRUCTIONS EN SAILLIES FIXES

Grands balcons ayant plus de 2 mètres de long et o m. 22 de saillie, par mètre de longueur . . . . 8 fr. »

Petits balcons, droit fixe. . . . . 2 fr. »

Colonnes ou pilastres, en pierre, bois ou fer, droit fixe. 3 fr. »

Seuil en pierres ou marches, droit fixe . . . . . . 1 fr. »

Devanture de boutique, par mètre linéaire. . . . . . 2 fr. »

Borne isolée ou engagée, chasse-roue, droit fixe . . . . 1 fr. »

Banc fixe autorisé devant une propriété, le mètre linéaire 2 fr. »

Attique ou corniche au-dessus d'une porte, droit fixe. . 2 fr. »

Appui de croisée ayant plus de 8 centimètres de saillie, droit fixe. . . . . o fr. 5o

Auvent en bois ou métal, le mètre linéaire. . 2 fr. »

Lanterne d'établissement public ou autre, droit fixe . .   5 fr. »
Marquise autorisée au-dessus d'une porte ou boutique,
   le mètre carré, droit fixe .   .   .   5 fr. »
Tableau-enseigne . . . .   3 fr. »

§ III. — SAILLIES MOBILES

Store ou banne, le mètre linéaire . . . .   1 fr. »
Croisée munie de persiennes, grilles ou barreaux en
   saillie, droit fixe. . . . .   0 fr. 70
Paire de volets ou persiennes de tout étage, droit fixe. .   0 fr. 70
Bancs et tables sur la voie publique :
      Par abonnement annuel, par mètre linéaire. .   1 fr. »
      Par mois et par mètre linéaire. . . . .   0 fr. 20

§ IV. — TRAVAUX DE RÉPARATIONS

Reconstruction partielle de mur, par mètre linéaire :
      Au rez-de-chaussée . . . .   1 fr. 50
      1er étage . . . .   1 fr. »
      2e étage et au-dessus . . . .   1 fr. »
Chapeau de mur refait entièrement ou en partie, par
   mètre linéaire. . . . .   0 fr. 25
Reconstruction ou réparation d'un mur de clôture
   (y compris le chaperon, le mètre linéaire) . . . . . .   0 fr. 50

§ VI. — OUVERTURES

Ouverture d'une croisée en bâtiment neuf ou vieux,
   droit fixe. . . . .   2 fr. »
Ouverture d'une porte bâtarde en bois plein, droit fixe.   3 fr. »
Ouverture d'une porte bâtarde, grillé en fer ou en bois
   à jour, droit fixe . . . .   4 fr. »
Ouverture d'une porte cochère ou charretière, en bois
   plein, droit fixe . . . .   6 fr. »
Ouverture d'une porte cochère ou charretière (grille en
   fer ou en bois à jour), droit fixe . . . .   10 fr. »
Ouverture d'une baie de boutique, indépendamment du
   droit afférent à la devanture, par mètre linéaire . .   4 fr. »
Soupiraux de cave, droit fixe . . . .   1 fr. »

§ VI. — SOUBASSEMENT ET REVÊTISSEMENT

En dalles, pierre, marbre, ardoise, le mètre linéaire .	1 fr.	»
En ciment, le mètre linéaire	0 fr. 5o	
En rocailles et meulières, le mètre linéaire	1 fr.	»

§ VII. — RAVALEMENT PARTIEL OU GÉNÉRAL

Ravalement partiel ou général de la façade d'une maison, par mètre linéaire et par étage . . . . 0 fr. 5o

Ravalement partiel ou général d'un mur de clôture, par
mètre linéaire . . . . 0 fr. 25

Les adjonctions à ces façades payeront les droits ci-dessus
respectifs à chacune d'elles.

§ VIII. — DROITS DIVERS

Étai, chevalement, contre-fiche (chaque). . . . . 3 fr. »

Barrière ou échafaud devant les travaux, par mètre et
par mois, sans fraction de mois . . . . 0 fr. 25

Dépôt de matériaux sur la voie publique, par mètre
superficiel et par mois, sans fraction de mois . 0 fr. 3o

Tuyau de descente des eaux ménagères, droit fixe 1 fr. »

Pissotière ou cuvette . . . . 2 fr. »

Établissement d'une tente-abri . . 1 fr. »

Raccordement à l'égout . . . 3 fr. »

Branchement d'eau ou de gaz . . . . 2 fr. »

Gargouille dans la traverse des trottoirs . . . . . 1 fr. »

Bateau pour portes cochères . . . . . . 2 fr. »

TABLE

———

RENSEIGNEMENTS ADMINISTRATIFS

I. TOPOGRAPHIE, DÉMOGRAPHIE ET FINANCES

§ I. *Territoire et domaine*

§ II. *Démographie*

"

§ III. *Finances*

II. — services publics

§ I. *Bienfaisance*

§ II. *Enseignement*

§ III. *Voirie*

§ IV. *Justice et Police*

§ V. *Cultes*

§ VI. *Services divers*

§ VII. *Personnel communal*

III. — RENSEIGNEMENTS DIVERS

ANNEXES

COMPOSÉ, IMPRIMÉ ET BROCHÉ
PAR LES PUPILLES DU DÉPARTEMENT DE LA SEINE,
ÉLÈVES DE L'ÉCOLE D'ALEMBERT
A MONTÉVRAIN

COMPARAISON

DE LA

POPULATION

ET DES

RECETTES ORDINAIRES

Relevées aux époques de Recensement

(1801 à 1896)

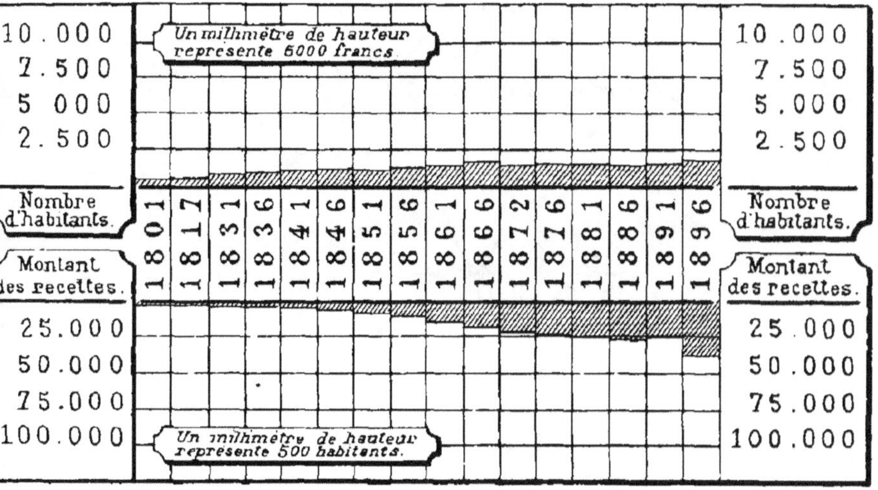

EN DÉPOT

A LA PRÉFECTURE DE LA SEINE

DIRECTION DES AFFAIRES DÉPARTEMENTALES

BUREAU DES COMMUNES

(Annexe Est de l'Hôtel de Ville)

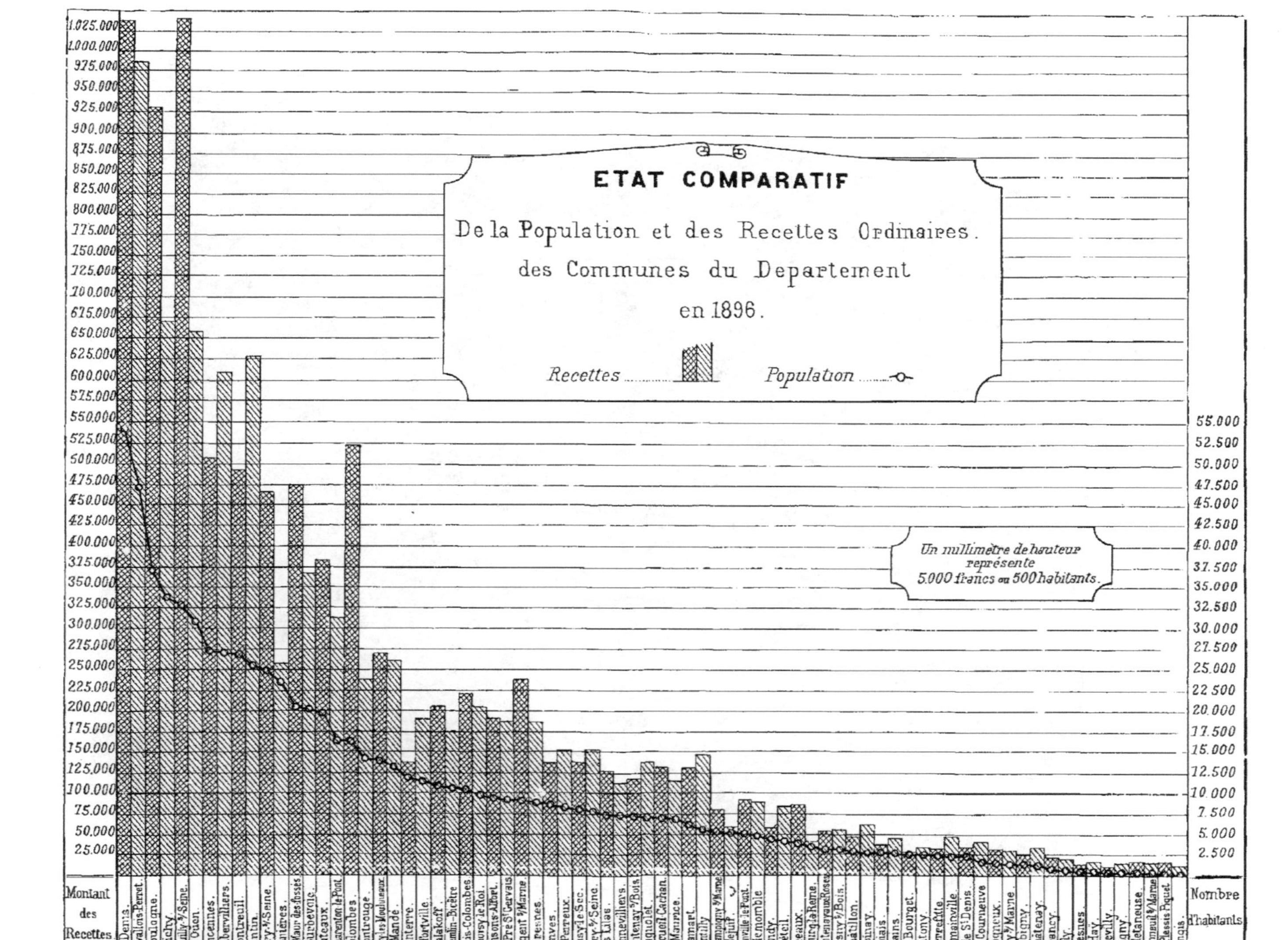

ETAT COMPARATIF
De la Population et des Recettes Ordinaires.
des Communes du Departement
en 1896.
Recettes
Population
Un millimètre de hauteur représente 5.000 francs ou 500 habitants.
Montant des Recettes
Nombre d'habitants
1.025.000
1.000.000
975.000
950.000
925.000
900.000
875.000
850.000
825.000
800.000
775.000
750.000
725.000
700.000
675.000
650.000
625.000
600.000
575.000
550.000
525.000
500.000
475.000
450.000
425.000
400.000
375.000
350.000
325.000
300.000
275.000
250.000
225.000
200.000
175.000
150.000
125.000
100.000
75.000
50.000
25.000
55.000
52.500
50.000
47.500
45.000
42.500
40.000
37.500
35.000
32.500
30.000
27.500
25.000
22.500
20.000
17.500
15.000
12.500
10.000
7.500
5.000
2.500
St Denis.
Levallois-Perret.
Boulogne.
Clichy.
Neuilly s/Seine.
St Ouen.
Vincennes.
Aubervilliers.
Montreuil.
Pantin.
Ivry s/Seine.
Asnières.
St Maur des fossés.
Courbevoie.
Puteaux.
Charenton le Pont.
Colombes.
Montrouge.
Issy les Moulineaux.
St Mandé.
Nanterre.
Alfortville.
Malakoff.
Kremlin-Bicêtre.
Bois-Colombes.
Choisy le Roi.
Maisons-Alfort.
Le Pré St Gervais.
Nogent s/Marne.
Suresnes.
Vanves.
Le Perreux.
Bagneux le Sec.
Vitry s/Seine.
Les Lilas.
Gennevilliers.
Fontenay s/Bois.
Bagnolet.
Arcueil-Cachan.
St Maurice.
Clamart.
Gentilly.
Champigny s/Marne.
Villejuif.
Joinville le Pont.
Villemomble.
Bondy.
Créteil.
Sceaux.
Bourg la Reine.
Fontenay aux Roses.
Rosny s/Bois.
Châtillon.
Épinay.
Thiais.
Stains.
Le Bourget.
Antony.
Pierrefitte.
Romainville.
Ville St Denis.
La Courneuve.
Bagneux.
Bry s/Marne.
Bobigny.
Châtenay.
Drancy.
Orly.
Fresnes.
L'Hay.
Chevilly.
Ablugny.
Villetaneuse.
Bonneuil s/Marne.
Le Plessis Piquet.
Rungis.

Limites actuelles de la Commune, reportées sur la Carte dite des Chasses (1764-1773)

Monographie des Communes
du Département de la Seine.

Echelle de 16.000

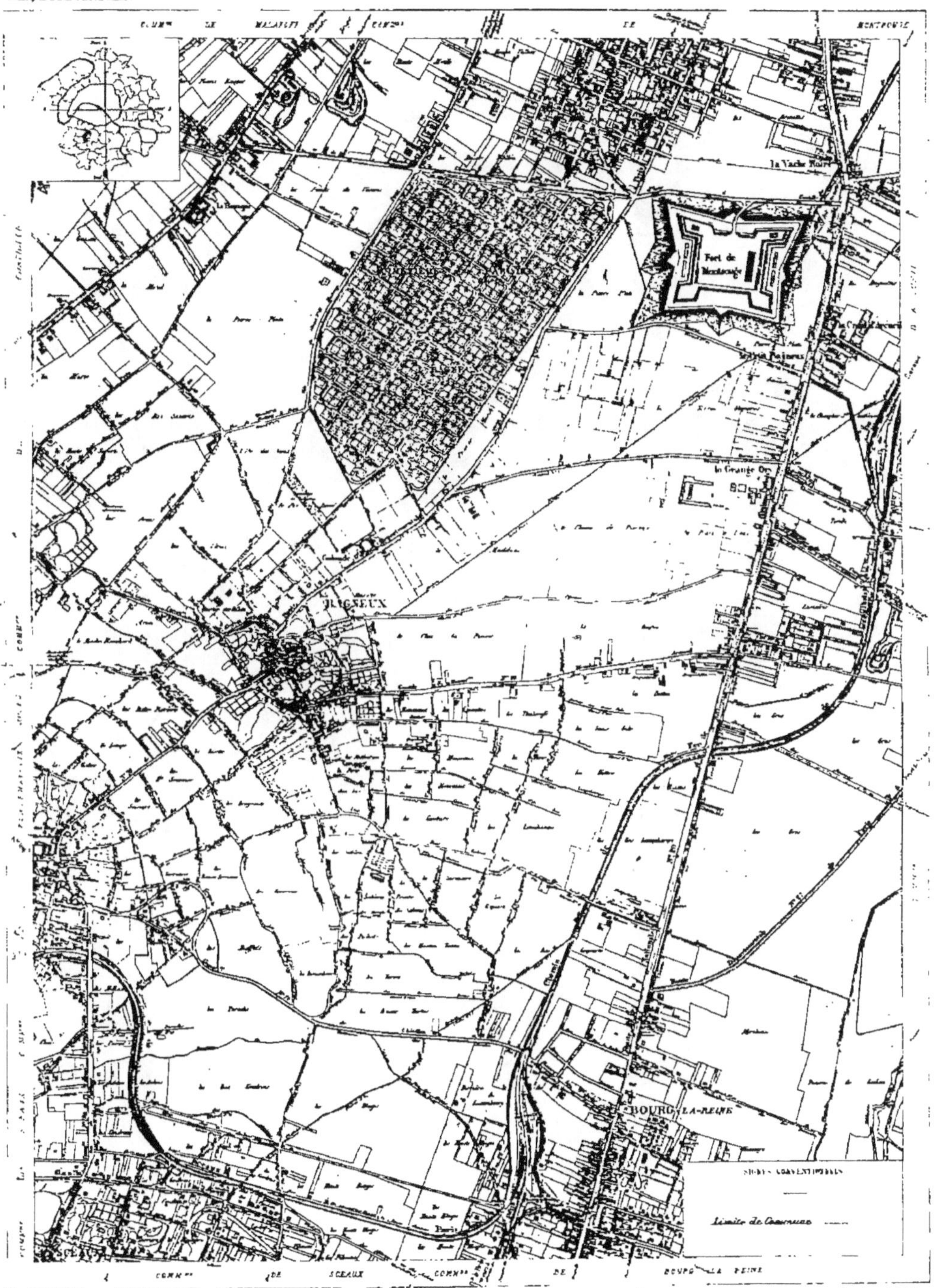
COMM.e DE MALAKOFF
LE
MONTROUGE
la Vache Noire
Fort de
Montrouge
la Grange Or
BAGNEUX
BOURG-LA-REINE
SIGNES CONVENTIONNELS
Limite de Communes
COMM.e DE SCEAUX
COMM.e DE BOURG-LA-REINE

www.ingramcontent.com/pod-product-compliance
Lightning Source LLC
Chambersburg PA
CBHW050800070726
47595CB00015B/1099